Mohammad-Ali Soltani-Tirani: Handwerker und Handwerk in Esfahan

Geographisches Institut
der Universität Kiel
Neue Universität

Im Austausch überreicht

Dem Gedenken an meinen Sohn

ARDAVĄN

gewidmet

MARBURGER GEOGRAPHISCHE SCHRIFTEN

Herausgeber: C. Schott
Schriftleiter: A. Pletsch

Heft 87

Mohammad-Ali Soltani-Tirani

Handwerker und Handwerk in Esfahan
Räumliche, wirtschaftliche und soziale Organisationsformen
– Eine Dokumentation –

Marburg/Lahn 1982

Im Selbstverlag des Geographischen Instituts der Universität Marburg

ISSN 0341-9290
ISBN 3-88353-011-5

Vom Fachbereich Geographie der Philipps-Universität

als Dissertation angenommen: 29.7.1981
Tag der mündlichen Prüfung: 17.8.1981

Berichterstatter: Prof. Dr. E. Ehlers
Mitberichterstatter: Prof. Dr. A. Pletsch

---

gedruckt bei Wenzel, Marburg

VORWORT

Die vorliegende Arbeit entstand auf Anregung von Herrn Prof. Dr. Ehlers als Dissertation am Fachbereich Geographie der Philipps-Universität Marburg. Für seine Betreuung und seine Hilfsbereitschaft habe ich ihm aufrichtig zu danken.

Die Durchführung der Arbeit wurde durch die Freistellung meiner Dienstverpflichtungen an der Universität Esfahan ermöglicht, die das Vorhaben auch finanziell förderte. In Esfahan unterstützte vor allem Herr Prof. Dr. Shafaghi das Vorhaben.

Der empirische Teil der Arbeit basiert auf mehrmonatigen Erhebungen, die ich in den Jahren 1977 bis 1979 in Esfahan und seinem Hinterland durchführte. Meinen Gesprächspartnern - Handwerkern, Händlern und Bauern sowie Verantwortlichen staatlicher Organisationen - sei für ihre Auskunftsbereitschaft gedankt.

Bei der sprachlichen Korrektur konnte ich mich auf die Hilfe von Herrn Prof. Dr. Ehlers, Herrn Dr. Stöber und Frau Behrens stützen. Außerdem hat mir mein Freund Herr Dr. Ghodstianat bei der Formulierung einer ersten Fassung des Manuskripts geholfen. Bei den kartographischen Arbeiten stand mir Herr Füllenbach beratend zur Seite. Die Reinschrift des Manuskripts besorgten Frau Remberg und Frau Rössler, die im Zusammenhang mit den Abbildungen anfallenden fotographischen Arbeiten besorgte Herr Klüver. Die Druckvorlagen schrieb Frau Fett.

Allen, die zum Gelingen dieser Arbeit beigetragen haben, sei an dieser Stelle gedankt.

Marburg, im Juli 1981   M.-Ali Soltani

VORWORT DER SCHRIFTLEITUNG

Die vorliegende Arbeit stellt in der gedruckten Form eine gekürzte Fassung der Dissertation des Verfassers dar.

Verzichtet wurde bei der Drucklegung auf die einleitenden Kapitel über die Lage und naturräumliche Ausstattung des Untersuchungsgebietes, über die historische Entwicklung des Handwerks in Iran sowie über die abschließende Diskussion der Ergebnisse, vor allem im Lichte des von Bobek entwickelten Konzeptes des Rentenkapitalismus. Eine solche Einengung des Textes für die Drucklegung schien aus mehreren, hier nicht näher zu erläuternden Gründen geboten.

So stellt der folgende Text im wesentlichen eine Zusammenstellung und Übersicht über die faktischen Gegebenheiten des Handwerks in Esfahan dar. Dies kommt in dem dem Dissertationstitel zugefügten Zusatz "Eine Dokumentation" zum Ausdruck.

INHALTSVERZEICHNIS

VORWORTE	V
INHALTSVERZEICHNIS	VII
VERZEICHNIS DER ABBILDUNGEN	VIII
VERZEICHNIS DER TABELLEN	IX

1.	ESFAHAN ALS HANDWERKSSTANDORT	1
	1.1 Esfahan als historisches Handwerkszentrum	1
	1.2 Handwerk in Esfahan heute	7
	1.2.1 Überblick	7
	1.2.2 Die sozialen Organisationsformen	9
	1.2.3 Otaq-e-asnaf, Sozialversicherung und handwerkliche Genossenschaften in Esfahan	15
2.	HANDWERK IN ESFAHAN - RÄUMLICHE VERBREITUNGSMUSTER UND SOZIO-ÖKONOMISCHE ORGANISATIONSFORMEN	21
	2.1 Räumliche Verbreitungsmuster von Handel und Handwerk	21
	2.2 Sozio-ökonomische Organisationsformen ausgewählter Handwerke	31
	2.2.1 Schuhmacher	34
	2.2.2 Möbelschreiner	45
	2.2.3 Kupferverarbeitung	55
	2.2.4 Intarsien	65
	2.2.5 Teppichknüpferei	75
	2.3 Handwerk und Rentenkapitalismus	111
ANMERKUNGEN		118
LITERATURVERZEICHNIS		127

VERZEICHNIS DER ABBILDUNGEN

Abb.		Seite
1	Meydan-e-Naqsh-e-Jahan: Geschäftsbesatz zur Safavidenzeit (nach CHARDIN)	4
2	Schema der asnaf-Organisation	14
3	Funktionale Gliederung des Bazarviertels von Esfahan	23
4	Meydan-e-Naqsh-e-Jahan: Geschäftsbesatz Sommer 1979	28
5	Chahar-Bagh-Straße: Geschäftsbesatz Sommer 1977	30
6	Sur-Esrafil-Straße: Geschäftsbesatz Sommer 1979	32
7	Sepah Straße: Geschäftsbesatz Sommer 1979	33
8	Verteilung von Betrieben der Schuhherstellung in Esfahan	37
9	Verteilung von Schuhgeschäften und Reparaturbetrieben in Esfahan	38
10	Rohstoffbezug und Absatz der Fertigprodukte der Schuhmacher in Esfahan	40
11	Verbreitung der Möbelherstellung in Esfahan	47
12	Rohstoffbezug und Absatz der Fertigprodukte der Möbelherstellung in Esfahan	49
13	Standortverteilung der Kupferschmiede und Verzinn-Werkstätten in Esfahan	57
14	Rohstoffbezug und Absatz der Fertigprodukte der Kupferschmiede in Esfahan	58
15	Standorte der Intarsien-Herstellung in Esfahan	66
16	Rohstoffbezug und Absatz der Fertigproduktion der Intarsienhandwerker in Esfahan	69
17	Aufbau des Musters 'khatam-e-shesh' in verschiedenen Arbeitsschritten	71
18	Teppichknüpferei in den Provinzen Esfahan und Bakhtiari: Lage der untersuchten Ortschaften	76
19	Rohstoffbezug der Teppichknüpfer	83
20	Bezug von Wolle und Baumwolle im Umland von Shahr-e-Kord	85
21	Schema der Rohmaterial- und Teppichvermarktung im Umland von Najafabad	86
22	Schema der Rohmaterial- und Teppichvermarktung im Umland von Meymeh	88
23	Rohstoffbezug und Teppichvermarktung im Umland von Na'in	89
24	Schema der Teppichvermarktung im Umland von Shahr-e-Kord	97

Abb.		Seite
25	Shahr-e-Kord: Melat-Straße, Geschäftsbesatz März 1978	98
26	Betriebe der Gelimfabrikation und Zulieferbetriebe für die Teppichherstellung	100
27	Zulieferbetriebe der Teppichherstellung in Esfahan	101
28	Verbreitung der Teppichknüpferei in Esfahan und seiner Peripherie	102
29	Standorte von Betrieben des Teppichhandels in Esfahan	103
	Farbkarte: Der Bazar von Esfahan: Geschäftsbesatz und funktionale Differenzierung	Anhang

VERZEICHNIS DER TABELLEN

Tab.		Seite
1	Handwerkszweige in der Stadt Esfahan 1975	8
2	Zahl der Beschäftigten in Stadt und Shahrestan Esfahan nach Beschäftigungsverhältnis und sektoraler Zugehörigkeit, 1976	10
3	Bei der otaq-e-asnaf registrierte Werkstätten und Geschäfte in Esfahan	16
4	Zahl der Betriebe mit Versicherungsschutz bei ausgesuchten Handwerkszweigen in Esfahan 1975	18
5	Handwerksgenossenschaften in Iran 1976	19
6	Betriebe der Lederverarbeitung und -vermarktung in Esfahan 1975 nach Zahl der Beschäftigten	36
7	Materialkosten pro Paar Schuhe	44
8	Anzahl der Betriebe der Möbelherstellung in Esfahan 1975 nach Zahl der Beschäftigten	46
9	Ein- und Verkaufspreise der Rohstoff-Einzelhändler (in Rial)	53
10	Produktionskosten eines Polstersessels im "Louis XIV"-Stil	54
11	Betriebe der Kupferverarbeitung und -vermarktung in Esfahan 1975 nach Zahl der Beschäftigten	56
12	Kupferschmiede und Verzinnwerkstätten in Ostan-e Esfahan 1975	61
13	Zusammensetzung des Preises für ein Kilogramm Kupferwaren	63

Tab.		Seite
14	Zahl der Betriebe mit Intarsienherstellung in Esfahan 1975 nach Zahl der Beschäftigten	73
15	Ein- und Verkaufspreise des Intarsienbedarfshandels (in Rial)	74
16	Anzahl der Zulieferbetriebe, Teppichknüpfereien und Betriebe des Teppichhandels in ausgewählten Orten der Provinzen Esfahan und Bakhtiari	78-80
17	Entwicklung des Lohns abhängiger Knüpfer im Golpaygan-Shahrestan	92
18	Anzahl der Teppichknüpfereien nach Anzahl der Knüpfer in Knüpfzentren der Provinzen Esfahan und Bakhtiari	94
19	Preise (in Rial) für Knüpfmaterial und dessen Bearbeitung im Untersuchungsgebiet 1978	104
20	Materialverbrauch und Lohnkosten pro Quadratmeter bei ortsüblichen Teppichen	106
21	Teppichpreise pro Quadratmeter beim Verkauf durch den Knüpfer	110

1. ESFAHAN ALS HANDWERKSSTANDORT

Die Stadt Esfahan, Zentrum der gleichnamigen Provinz im zentralen Hochland Irans, liegt in einer von zwei Gebirgszügen abgeschlossenen Ebene, die nur nach SE hin geöffnet ist. Da der Zayandeh Rud, der größte Fluß Zentralirans, durch die Ebene fließt und sie bewässert, ist Esfahan die fruchtbarste Region des zentraliranischen Hochlands und auch dementsprechend dicht besiedelt. Hinzu kommt ein relativ günstiges Klima mit ausgeprägten Jahreszeiten, so daß die naturräumlichen Voraussetzungen für die Entwicklung der Stadt als dicht bevölkertes Wirtschafts- und Handelszentrum eines flächenmäßig großen und bevölkerungsreichen agraren Umlandes durchaus günstig waren. Als weitere positive Entwicklungsfaktoren sind zu nennen die zentrale Lage in Iran an der Kreuzung wichtiger nationaler und internationaler Handelsstraßen sowie die strategisch günstige Lage im Landesinnern.

1.1 Esfahan als historisches Handwerkszentrum

Aufgrund der oben genannten günstigen Standortfaktoren war Esfahan bereits seit vorchristlicher Zeit immer wieder Residenzstadt verschiedener lokaler wie auch überregionaler Dynastien. Diese Funktion ist für die Entwicklung des Handwerks und des Handels insofern von Bedeutung, als sich ein Absatzmarkt für Waren des gehobenen Bedarfs dadurch überhaupt erst entwickeln konnte. Nicht nur die Herrscher selbst, sondern auch ihr Hofstaat stellten in allen Gesellschaften und zu allen Zeiten einen potentiellen Absatzmarkt für handwerkliche Produkte verschiedenster Art dar. Hierdurch wurden immer wieder hochqualifizierte Handwerker und Fernhandelskaufleute in die Stadt gezogen, die wiederum selbst eine potentielle Käuferschicht bildeten. Je mächtiger und reicher der Herrscher war, desto höher waren seine Ansprüche und umso mehr Handwerker wurden benötigt. Daß dabei im allgemeinen besonders das Kunsthandwerk gefördert wurde, durch die zunehmende Bevölkerung zugleich aber auch das Gebrauchshandwerk eine Blütezeit erfuhr, läßt sich vielfach nachweisen. Im Bild der Städte manifestierten sich solche Blütezeiten zumeist durch imposante, architektonisch oft hervorragende Gebäude und Denkmäler.

Die erste größere Blüte als überregional bedeutsames Zentrum erlebte Esfahan unter den Seljuqen (1040-1128 n.Chr.), zu deren Zeit die Stadt Hauptstadt eines Reiches war, das vom Syrdarja (UdSSR) bis zum Mittelmeer reichte. Während dieser Zeit hatten Keramikherstellung und Textilverarbeitung ein besonders hohes Niveau. Besondere Bedeutung erlangten aber Kalligraphie, Malerei und Ziselierarbeiten; in der Teppichherstellung waren chinesische Muster (khatai-Muster) weit verbreitet. Glanzpunkte der Architektur und Steinmetzarbeiten waren die Erbauuung der Freitagsmoschee und großer städtischer Bazare unter Malek Shah (1072-1092). NASER-KHOSROW sagte über die Stadt, die er 1052 besucht hatte: "Im ganzen persischen Sprachraum konnte ich keine zweite Stadt finden, die so groß, schön und derart dicht bevölkert ist wie Esfahan" (NASER-KHOSROW 1965: 145 f.). Daß Esfahan zur Zeit der Seljuqen in der Tat eine große Ausdehnung besaß und sein Bazar Sitz eines überregional bedeutsamen Handels und Handwerks war, haben erst jüngst wieder GAUBE-WIRTH (1978) nachdrücklich betont (vgl. dazu auch GAUBE 1979; HOLOD (Hrsg.) 1974; LOCKHART 1960, SHAFAGHI 1974 u.a.).

Die erste große Glanzzeit Esfahans wurde spätestens 1240 mit der Eroberung der Stadt durch die Mongolen beendet. Die Stadt sank zu einer Provinzhauptstadt herab und wurde zudem 1387 und 1414 von Timur (1370-1404) und seinen Nachfolgern fast völlig zerstört. Bis zum Ende des 16. Jahrhunderts blieb die Stadt Residenz kleiner und unbedeutender Herrscher, die der wirtschaftlichen Entwicklung - einschließlich des Handwerks - keine wesentlichen Impulse zu geben vermochten. So verwundert es nicht, daß QUIRING-ZOCHE (1980) im Hinblick auf den Esfahaner Handel des 15. und 16. Jahrhunderts lediglich Textilindustrie sowie Seiden- und Samtweberei erwähnt, ansonsten jedoch die Quellenlage über Produktion und Handel als rar bezeichnet.

Erst mit der nationalen Erneuerung des persischen Reiches unter den Safaviden und der Erhebung Esfahans zur Hauptstadt 1598 durch Shah ʼAbbas erfuhr die Stadt einen nachhaltigen politischen und wirtschaftlichen Aufschwung, der ihr den Beinamen "nesf-e-jahan" ("Hälfte der Welt") eintrug. Shah ʼAbbas begann mit einer systematischen Förderung des Handels und des Handwerks. Besonders hervorzuheben ist die - z.T. erzwungene - Umsiedlung von 15.000 - 20.000 (später 30.000) Armeniern nach Neu-Julfa, einem neugegründeten Vorort von Esfahan, südlich des Zayandeh Rud (vgl. BROWN 1965; FERRIER 1973; GREGORIAN 1974). Diese besaßen nicht nur traditionell internationale Handelskontakte und trugen somit wesentlich zur Behebung des lokalen Handels und Handwerks bei, sondern belebten vor allem die schon traditionell starke Textilindustrie der Stadt und begründeten ihre bis heute anhaltende Blüte (vgl. KORTUM 1972).

Besondere Bedeutung für Entwicklung und Ausbau des Esfahaner Handwerks gewann die Errichtung von "Arbeitshäusern" (pers. kar-khaneh) nach dem Vorbild europäischer Manufakturen. Shah Abbas besaß allein 32 dieser Großwerkstätten mit je etwa 150 Arbeitern, in denen Teppiche, Textilien, Gold-, Silber- und Kupferarbeiten u.a. hergestellt wurden (vgl. CHARDIN 1811: 102).

Zeitgenössische Berichte über das safavidische Esfahan bestätigen die Blüte auch des heimischen Handwerks nachhaltig. So beschreibt OLEARIUS (1856: 554), der um 1637/38 in Esfahan weilte, den zentralen Königsplatz der persischen Hauptstadt wie folgt:

"Hergegen ist der Maidan oder grosse handel und Spatzier Platz so groß, dergleichen wir sonst nirgend gesehen haben, sintemahl er in der länge 700, in der breite aber 250 Schritte in sich hält. An der Westenseiten, da des Königes Hoff und Palast seynd ordentlich gebawete Gewölbe längst dem Maidan hinunter zwey über einander, mit Eywanen und

Durchgängen, in welchen die Goldschmiede, Juwilirer und andere ihre
Handthierung haben, vor denselben seynd in guter Ordnung feine gerade Bäume gepflanzet (welche sie Schimschad nennen, ist eine art von
Buxbaum) und zierlich außgeschneitelt, daß man die Tadernen und
Zellen, gleich als halb verstecket, hinter dem Laub sehen kan, geben
einen anmutigen Schatten. Noch vor diesen Bäumen seynd lange flache
steinerne Tröge, dem gehawenen Steinpflaster (welches längst hinunter eine Stuffe erhaben) gleich gesetzet, durch selbe können sie zu ihrer Reinigung und Nothdurfft das Wasser um den ganzen Maidan herum
leiten.
Die Ostenseite gegenüber hat von oben bis unten aus einen gewölbten
breiten Gang, mit Schwibogen und Pisaren, unter welchem allerley
Handwerker jegliche Zunfft absonderlich ihre Werckstätten haben."

In Anlehnung an CHARDIN (1811), dem aufmerksamsten und detailliertesten Schil-
derer des safavidischen Persien, hat J. BROWN (1965) die Differenzierung und regionale Verteilung des Esfahaner Handwerks rund um den Königsplatz herum zu re-
konstruieren versucht (vgl. Abb. 1). Dabei zeigt sich für die Zeit um 1665-1675
nicht nur bereits eine strikte Branchensortierung nach einzelnen Handwerken, sondern - ansatzweise - auch bereits regionale Verteilungsmuster von Handel und Gewerbe, die bis heute an den gleichen Lokalitäten nachweisbar sind.

E. KAEMPFER (1940) schließlich, der um 1685 für fast 20 Monate in der persischen Hauptstadt weilte, spricht ausführlich (S. 117 ff.) von den verschiedenen
"Hofwirtschaftsbetrieben und Hofwerkstätten". Namentlich erwähnt werden u. a. die
Schneiderei, Schusterei, Kürschnerei, die Gold- und Kupferschmiede und die Schrei-
nerei - alles Handwerke, die nach wie vor in Esfahan, z.T. in auffälliger Konzentra-
tion um das safavidische Stadtzentrum herum, vertreten sind. Der Vorsteher der Kauf-
leute wird von KAEMPFER (1940: 86) als Aufseher "über die königlichen Weber-,
Schneider-, Färber- und Seidenstickerwerkstätten" charakterisiert. Ähnlich wie schon
CHARDIN betont auch KAEMPFER die besondere Bedeutung des Großen Platzes für
Handel und Handwerk und beschreibt ihn wie folgt (ebda., S. 156).

"Die Form des Platzes ist ein Rechteck von 660 Schritt Länge (in der Nord-
Süd-Richtung) und 212 Schritt Breite. Rundherum führen doppelgeschossige,
überwölbte Nischenbauten. Die oberen Räume sind jeweils in kleine Zimmer aufgeteilt, die als Schlafräume an alle möglichen Fremden und auch
an Dirnen vermietet werden. Das Untergeschoß dieser Galerie dient teils
als Wandelgang für Spaziergänger, überwiegend aber zur Aufnahme von
geräumigen Basarbuden für Krämer und Handwerker, die dort alle möglichen Waren herstellen und verkaufen. Dabei herrscht jedoch keinerlei
Durcheinander, sondern alle sind nach Berufsständen geordnet untergebracht. Diese vollkommen einheitlich hohen, sauberen, durch kunstvol-
le Gitter abgeschlossenen Basar-Nischenreihen verleihen dem Schah-Platz
seinen eigenen reizvollen Stil."

Abbildung 1: Meydan-e-Naqsh-e-Jahan: Geschäftsbesatz zur Safavidenzeit
(nach CHARDIN)

1) Kurzwarenhändler
2) Eisenhändler
3) Polierer
4) Steinschneider
5) Goldschmied
6) Schreiber (mullas)
7) Schuhmacher
8) Stoffhändler (Londoner Stoffe)
9) Ausrüstung für Bogenschützen
10) Apotheke (Drogerie)
11) Händler mit Schaffellen
12) Kaffeehaus
13) Pfeifenmacher
14) Stoffdrucker
15) Gold- und Silberschmied
16) Gießerei
17) Buchhandlung
18) Garküche
19) Gebrauchtwarenhändler
20) Obst- und Gemüsehändler
21) Herstellung von Seidenschnüren
22) Knopfmacher (aus Gold und Silber)
23) Schuhmacher
24) Baumwollspinnerei
25) Baumwollkämmerei
26) Drechsler
27) Seiler
28) Reishändler
29) Sattler
30) Vorleser
31) Schreibwarenhändler

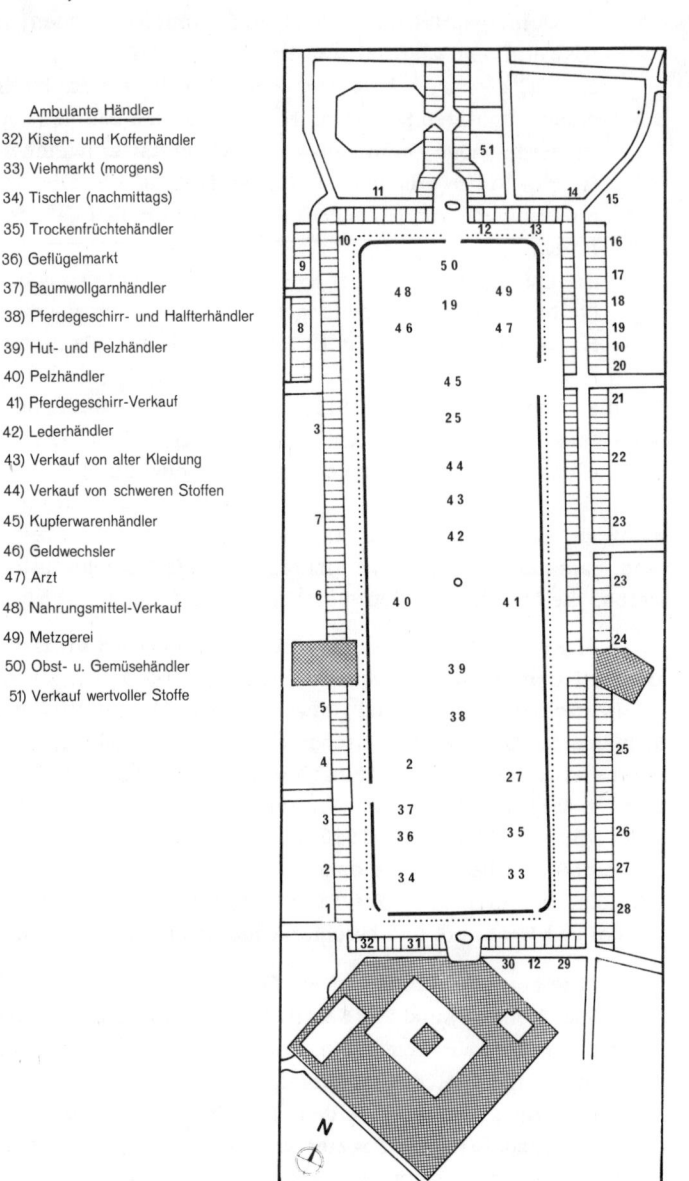

Ambulante Händler
32) Kisten- und Kofferhändler
33) Viehmarkt (morgens)
34) Tischler (nachmittags)
35) Trockenfrüchtehändler
36) Geflügelmarkt
37) Baumwollgarnhändler
38) Pferdegeschirr- und Halfterhändler
39) Hut- und Pelzhändler
40) Pelzhändler
41) Pferdegeschirr-Verkauf
42) Lederhändler
43) Verkauf von alter Kleidung
44) Verkauf von schweren Stoffen
45) Kupferwarenhändler
46) Geldwechsler
47) Arzt
48) Nahrungsmittel-Verkauf
49) Metzgerei
50) Obst- u. Gemüsehändler
51) Verkauf wertvoller Stoffe

nach: J.A. Brown 1965

Diese hier in Auswahl wiedergegebenen Beschreibungen (vgl. dazu auch TAVERNIER, THEVENOT; zusammenfassend auch: SCHUSTER-WALSER 1970) belegen übereinstimmend nicht nur die Blüte der persischen Hauptstadt, sondern auch ihres Handwerks und ihrer sonstigen Wirtschaftszweige. Dabei betont J. BROWN (1965: 162), daß sich die Bazare bis heute im wesentlichen kaum verändert hätten und immer noch ein dem safavidischen Esfahan ähnliches Aussehen besäßen. Wenn wir diese Auffassung wohl auch relativieren müssen (vgl. GAUBE-WIRTH 1978), so ist die bauliche wie sozio-ökonomische Kontinuität mancher Viertel der Stadt von der safavidischen Zeit bis zur Gegenwart hin außer Zweifel.

Diese Feststellung gilt in ganz besonderer Weise für einige der unter Shah 'Abbas planmäßig eingerichteten Handwerks- und Händlerviertel. So bildete etwa der insgesamt ca. 5 km lange Hauptbazar (BROWN 1965: 161) in erster Linie eine Produktions- und Großhandelsstätte. Hier konnten die Handwerker ihren Materialbedarf auf engem Raum decken, die Kaufleute fast alle Geschäftspartner antreffen; und zudem war genügend Lagerraum vorhanden (Agglomerationsvorteile des Bazars). Daß dies auch heute noch so ist, wird später zu belegen sein. Die ambulanten Händler waren demgegenüber vorwiegend auf dem Shah Platz zu finden (vgl. Abb. 1), von dem Shah 'Abbas sie gerne vertrieben und in ein Gebiet zwischen Lepakstraße und Färbereibazar umgesetzt hätte; jedoch verzichtete er gegen eine von den Händlern an den Hof zu zahlende Abgabe auf dieses Vorhaben. Einige der unter Shah 'Abbas errichteten Bazargassen wurden schließlich vom Herrscher als karitatives waqf (1) gestiftet, einer unter begüterten Moslems üblichen Art der Wohltätigkeit. Aus den Miet- oder Renteneinnahmen der Stiftungen wurden Moscheen, Krankenhäuser, Schulen usw. unterhalten. Obgleich die meisten dieser Stiftungen inzwischen in privaten Besitz gelangten - häufig auf nicht legalem Wege -, erfüllen einige auch heute noch ihren ursprünglichen Zweck (vgl. GAUBE-WIRTH 1978: 56). Dazu zählen u.a. das Sarai-e-Madar-Shah (heute Shah 'Abbas-Hotel) und der Soltani-Bazar (Bazar-e Boland), heute Standort handwerklicher Produktion.

Die große Zeit Esfahans - eine Bedeutung wie zur Safavidenzeit erlangte die Stadt bisher nicht wieder - endete mit der Eroberung durch die Afghanen 1722. Nicht nur die weitgehende Zerstörung der Stadt während der kriegerischen Auseinandersetzungen, sondern auch die anschließende Hauptstadtverlagerung unter den Zand-Prinzen (1750-1796) nach Shiraz leiteten eine lange Stagnationsphase für die Wirtschaft Esfahans ein. Erst unter den Qajaren begann ein erneuter wirtschaftlicher Aufschwung Persiens und damit auch Esfahans, der sich jedoch nur sehr langsam vollzog und nunmehr auch bereits entscheidend unter dem Einfluß vor allem Englands und Rußlands stand. Vor allem unter Naser-ed Din Shah (1846-1896) setzte sich eine extreme Konzessionspolitik durch, als deren Folge nahezu der gesamte Außenhandel von fremden Mächten monopolisiert wurde. Durch Einfuhr von Fertig- oder Halbfertigwaren aus Europa bei gleichzeitigem Rohstoffexport erfuhr zugleich das Handwerk in einigen Bereichen eine erhebliche Einschränkung seiner Bedeutung. So ging der Exportanteil von Seidenprodukten und Tuchen von 1850-1911/13 deutlich zurück (vgl. ISSAWI 1971: 135), während der immer wichtiger werdende Teppichexport in den Händen der Deutschen und der Briten lag, die sowohl Teppichhandel als auch Teppichmanufaktur kontrollierten (WIRTH 1975). Wenn es dennoch zu einer Belebung des Handels und der Wirtschaftskraft Esfahans kam, dann deshalb, weil es Sitz bedeutender europäischer Handelsgesellschaften war. Ein ebenso kennzeichnendes wie auf andere Teile Persiens übertragbares Zeitdokument ist das folgende Zitat von CURZON (1892, Bd. 2: 41), der über die Wirtschaft der Stadt Esfahan wie folgt schreibt:

> "In spite of its physical decay Isfahan is still the second largest trading emporium in Persia, yielding supremacy only to Tabriz. The English eye is gratified by the sight of English trade makes or figures on nine out of every ten bales of merchandise that pass on camel, donkey, or mule; and inquiry elicits the satisfactory fact that Manchester is still the universal clothier of Isfahan; and that though this city marks the northern limit of undisputed British commercial predominance, yet that ascendency is both firmly secured and shows signs of increase rather than of diminution. From the fact that the principal European houses of business in Isfahan bear foreign names - I allude to the firms of Ziegler and Hotz - it has been erroneously inferred that British enterprise has supinely allowed the trade of the city to pass into other hands. No more incorrect induction could be made. Both these firms, as well as the Persian Gulf Trading Company, who have a representative in Isfahan, trade almost exclusively in English goods; and the considerable profits accruing from their transactions find their way in the last resort as wages into the pockets of Lancashire artisans."

Diese Schilderung, die die bewußte Penetration der persischen Wirtschaft durch ausländische Mächte nicht nur bestätigt, sondern ausdrücklich gutheißt (vgl. dazu u.a. ISSAWI 1971; LITTEN 1920; SHUSTER 1939 u.v.a.), enthält zugleich den Schlüssel für das Verständnis einer beginnenden Krise und langanhaltenden Stagnation des persischen Gebrauchs- und Kunsthandwerks.

Angesichts des weitgehenden Mangels sowohl an wirtschaftshistorischen als auch sozialhistorischen und -geographischen Arbeiten über das persische Handwerk und über das frühe 20. Jahrhundert läßt sich diese Aussage allein für Teppichhandel und Teppichmanufaktur in Iran belegen. Auf den prägenden Einfluß europäischer und amerikanischer Firmen sowohl im Design als auch in der Herstellung und der Vermarktung persischer Teppiche haben jüngst vor allem DILLON (1976), ENGLISH (1966), EHLERS (1981), STÖBER (1978) und WIRTH (1976) hingewiesen; auf diese Arbeiten sei hier verwiesen. Wenn sich trotz anhaltender Industrialisierung dennoch das traditionelle Handwerk sowie der Bazarhandel bis heute behaupten konnten, so liegt dies sowohl an der Entwicklung Esfahans zu einem touristischen Anziehungspunkt als auch an einer zahlenmäßig bedeutenden Bevölkerung, die das traditionelle handwerkliche Warenangebot bis heute in Anspruch nimmt. Fremdenverkehrsorientiertes Händlertum und Handwerk finden sich v. a. an der Chahar Bagh, um den Königsplatz sowie am Eingang zum Bazarbezirk (EHLERS 1974). Traditionelles Handwerk ist demgegenüber - wie noch zu zeigen sein wird und wie es dem von WIRTH (1974/75) entwickelten Zentrum-Peripherie-Gegensatz in der Bazarwirtschaft entspricht - immer noch in auffälliger Weise in Randbereichen des engeren Bazars sowie in seiner unmittelbaren Nachbarschaft konzentriert. Wenn somit generell eine gewisse Kontinuität von Handel und Handwerk in den altstädtischen Quartieren von Esfahan postuliert werden kann, so sind andererseits doch deutliche Standortverlagerungen zu berücksichtigen. Vergleiche alter Straßennamen mit den heutigen Standorten bestimmter Handels- und Gewerbezweige (vgl. Übersicht S. 22 ff), wie auch die Auswertung alter Reisebeschreibungen belegen diese Verschiebungen eindrücklich.

1.2 Handwerk in Esfahan heute

1.2.1 Überblick

Die Gesamtzahl der Beschäftigten in der Stadt Esfahan wurde durch den Census von 1976 mit 177.212 ermittelt. Die Censusdaten sind stark aggregiert. Die Betriebszählungen des Jahres 1975 ermöglichen jedoch eine genauere Analyse der Handwerksbetriebe und der in ihr Beschäftigten. Bei der Zusammenstellung (Tab. 1) und ihrer Interpretation ist allerdings zu berücksichtigen, daß auch in diesem Falle die Unterscheidung zwischen Industrie, Handwerk und Handel nicht in jedem Fall scharf zu treffen ist. Überschneidungen bleiben somit sehr wahrscheinlich und führen zu Verzerrungen.

Überraschend ist in jedem Fall die große Zahl der Handwerke und handwerksähnlichen Unternehmungen und ihre gleichzeitig sehr geringe durchschnittliche Betriebsgröße. Die in Tabelle 1 zusammengestellte Übersicht führt insgesamt 56 Handwerkszweige auf, von denen 7 (in Auswahl) auf den Lebensmittel- und Nahrungsmittelsektor entfallen. Sie umfassen 25.626 Betriebe mit 46.083 Beschäftigten.

Die definitorische Unsicherheit des Begriffs "Handwerk" (2) und die auch in der Tabelle 1 zutagetretende Unsicherheit, ob einzelne Branchen noch zum "Handwerk" sensu stricto gehören und nicht andere hier fehlen, wie auch die nicht strenge Vergleichbarkeit der Jahre 1975 (Betriebszählung) und 1976 (Volkszählung) müssen bei den folgenden Aussagen einschränkend berücksichtigt werden. Dennoch läßt sich sagen, daß bei etwa 46.000 Berufstätigen der Anteil des Handwerks mit ca. 26% aller Beschäftigten in der Stadt Esfahan sehr hoch liegt.

Mit durchschnittlich 1,8 Beschäftigten/Betrieb (bei Ausschluß der Teppichknüpfer 2,7 Beschäftigte/Betrieb) sind die Unternehmen durchweg klein. Die Tatsache, daß die Census-Ergebnisse des Jahres 1976 für die Stadt Esfahan nahezu 11.000 "Unternehmer" und "selbständige Gewerbetreibende" aus-

Tabelle 1:   Handwerkszweige in der Stadt Esfahan 1975

Handwerkszweig	Betr.	Besch.	Handwerkszweig	Betr.	Besch.
Wollschlägerei	15	32	Intarsienherstellung	81	256
Wollspinnerei	35	457	Malerei/Miniaturmalerei	80	169
Färberei	47	118	Goldschmiede	256	531
Kettfädenmacher	27	36	Silberschmiede	46	107
Gelimknüpferei	193	276	Schmelzerei	2	36
Teppich-Designer	92	236	Kupferschmiede	114	245
Teppichknüpfer	15086	17594	Verzinnung	63	77
Teppich-Reinigung	7	26	Ziseleur	374	1047
Teppichflickerei	30	72	Emailleur	49	135
Baumwollspinnerei	135	203	Grobschmiede	113	305
Weberei (Trikotage, Strümpfe)	227	561	Metallverarbeitung	518	1764
			Klempnerei	76	126
Weberei (Hand- u. Badetücher)	26	47	Schlosser (Samowars.)	226	373
Weberei	207	524	Herd- u. Samowarreparatur	202	356
Stoffdruckerei	53	217	Installateur	197	360
Stickerei	21	37	Gießerei	59	200
Schneider	1160	2723	Dreherei	202	781
Steppdeckennäher	127	209	Galvanisieranstalt	24	56
Hut- u. Pelzmacher	41	105	Autopolsterei	53	95
Giweh-(Baumwollschuh-)Macher	11	14	Autoreparatur	468	1322
Lederverarbeitung[1]	1026	2375	Autoelektriker	144	335
Möbelherstellung[2]	335	868	Molkerei	274	458
Tischlerei u. ä.	692	1379	Metzgerei	708	1008
Flechterei	13	20	Bäckerei	688	2710
Töpferei	18	72	Konditorei	285	801
Keramik- u. Kachelherstellung	19	87	Zuckerbäckerei/'gaz'-Herstellung	149	452
Mosaikherstellung	151	789	Kandiszuckerfabrikation	76	178
Ziegelei	70	2329	Pistazienknacker	109	115
Steinhauerei	126	279	insgesamt	25626	46083

1) enthält 6 Zweige der Lederverarbeitung; vgl. Tab. 6
2) enthält 5 Zweige der Möbelherstellung; vgl. Tab. 8

Quelle: SCI: Zählung der Betriebe des Landes. H. 719 a/b. Tehran 1975, 1976

weisen (Tab. 2), belegt, daß die meisten Handwerker selbständig arbeiten und zudem einen sicherlich beträchtlichen Teil statistisch nicht erfaßter Arbeitskräfte von Familienmitgliedern und Kindern aufweisen. Die hohe Zahl von 4.290 Frauen, die als selbständige Arbeitskräfte im shahrestan ausgewiesen sind, weist wiederum auf die Rolle der Teppichknüpferei hin (3).

Es gibt, wie zu zeigen sein wird (vgl. 1.2.3), über die industrielle Betriebszählung hinaus Möglichkeiten, Zahl und Größe der Esfahaner Industriebetriebe zu erfassen: Zunftorganisationen, die Sozialversicherung sowie andere Verbände verfügen über Zusammenstellungen, die die Ergebnisse der amtlichen Betriebszählung zu ergänzen vermögen. Bevor allerdings auf sie eingegangen wird, ist eine Darstellung der sozialen Organisationsformen des Esfahaner Handwerks notwendig.

1.2.2 Die sozialen Organisationsformen

Aus vielen Ländern des islamischen Orients wissen wir, daß das traditionelle wie moderne Handwerk in zunftähnlichen Zusammenschlüssen organisiert war und ist. Verwiesen sei beispielsweise auf die jüngeren Arbeiten von RAYMOND (1974) über das Kairener Handwerk, von BAER (1970 f.) über die türkischen und ägyptischen Gilden, von HOENERBACH (1956) über das Zunftwesen in Tetuan/Marokko oder der allgemeine Überblick von GOITEIN (1966) über islamische Institutionen. Für Iran speziell hat FLOOR (1971 ff.) eine Reihe wirtschafts- und sozialhistorischer Arbeiten publiziert, in denen dem Zunftwesen unter den Qajaren besondere Beachtung geschenkt wird.

Die wichtigsten Organisationen des Handwerks in Iran heute (d.h. bis zur "islamischen Revolution") sind die Zunftorganisationen (senf), die in der otaq-e-asnaf zusammengefaßt sind, und die Genossenschaften. Hinzukommt die Sozialversicherung, die zwar keine Organisation des Handwerks ist, aber durchaus Auswirkungen auf dieselbe hat. Zwischen diesen Organisationen bestehen weder personelle noch organisatorische Zusammenhänge. Auch die staatliche "Iranische Handwerks-Organisation" (IHO), die 1964 gegründet wurde, hat nur gegenüber den Genossenschaften übergeordnete Funktionen.

Die Organisation der verschiedenen Gewerbezweige in Zünfte ist - wie bereits erwähnt - keine neue Erscheinung in Iran. Schon seit langer Zeit bildeten die Handwerker in der Gesellschaft eine eigene Schicht und trugen durch Abgaben, Steuern, Fronarbeit, Spenden usw. zum Staatshaushalt bei. Um diese Aufgaben zu koordinieren, war ein übergeordnetes Gremium sinnvoll. Vermutlich gab es bereits zur Zeit der Sassaniden eine Zunftorganisation. Bekannt ist, daß es in der Staatsverwaltung unter Khosrow I.(531-574 n.Chr.) je einen Verantwortlichen für die Belange der Landwirtschaft und der Zünfte gab (vgl. KESHAWARZ 1975: 110). Diese wurden vom Herrscher ernannt und vertraten die Interessen des Hofes gegen

Tabelle 2: Zahl der Beschäftigten in Stadt und Shahrestan Esfahan nach Beschäftigungsverhältnis und sektoraler Zugehörigkeit, 1976

Ort	Sektor	Geschl.	Gesamt	Unter-nehmer	selbst. Gewerbe-treibende	öffentl. Lohn-empf.	private Lohn-empf.	Mithel-fende Fam.Ang.	ohne Angabe
Stadt	Landw.	männl.	5759	241	3647	112	1622	136	1
		weibl.	82	2	19	7	52	-	2
	Industr.	männl.	50514	2345	7654	13121	27152	216	26
		weibl.	5731	50	864	298	4257	245	17
	Dienstl.	männl.	77035	2880	19533	35676	18593	305	48
		weibl.	10426	51	343	8230	1761	11	30
	gesamt	männl.	133308	5466	30834	48909	47367	657	75
		weibl.	16239	103	1226	8535	6070	256	49
		gesamt	149547	5569	32060	57444	53437	913	124
Shahrestan	Landw.	männl.	40847	659	23768	163	13326	2925	6
		weibl.	717	9	165	9	269	263	2
	Industr.	männl.	68999	2656	10442	15648	39839	376	38
		weibl.	20658	119	4290	326	12602	3286	35
	Dienstl.	männl.	95328	3212	26535	41736	23378	411	56
		weibl.	11247	54	436	8734	1975	18	30
	gesamt	männl.	205174	6527	60745	57547	76543	3712	100
		weibl.	32622	182	4891	9069	14846	3567	67
		gesamt	237796	6709	65636	66616	91389	7279	167

Quelle: SCI: NCPH 1976, H. 106, Tehran 1980, S. 262 und 268.

die Bauern und Handwerker. Im Laufe der Zeit organisierten sich jedoch die Handwerker, die stark unter Unterdrückung und Fronarbeit zu leiden hatten, selbst zu Zünften, die ihre Interessen zu wahren suchten. So berichtet z.B. BATUTTA, daß die Zünfte im 14. Jahrhundert in Esfahan einen eigenen Vorsteher hatten (vgl. RAWANDI 1977: 380; IBN BATOUTAH 1926).

Disziplinierte Zunft- bzw. Berufsorganisationen bestehen seit der Herrschaft der Safaviden, insbesondere seit Shah Abbas I. Die politische und wirtschaftliche Stabilität dieser Zeit ermöglichte es, auch die Belange der Berufsgruppen und ihrer Organisationen zu beachten und den Handwerkern Rechte zuzugestehen.

Die Organisation der Handwerker ging zunächst von den Hofwerkstätten aus, in denen jeweils ein bestimmtes Handwerk betrieben wurde. Jede Hofwerkstatt wurde von einem Handwerksmeister verwalterisch geleitet, einer der ältesten Handwerker wurde zum Zunftvorsteher gewählt, und jeder Werkstatt gehörte ein Buchhalter und ein Vertreter des Hofes an (vgl. CHARDIN 1966, Bd. 7:102; vgl. dazu auch KAEMPFER 1940). Alle Hofwerkstätten in der Stadt und auf dem Lande (4) waren einem Hofbeauftragten direkt unterstellt. Auch die Handwerker außerhalb dieser Werkstätten durften sich organisieren, jedoch erreichten sie nicht die Disziplin und Effizienz der königlichen Werkstättenzünfte. Der Vorsteher der städtischen Zünfte wurde durch die Zunftangehörigen gewählt, bedurfte aber der Bestätigung durch zwei Staatsbeamte (naqib und kalantar (5)), um offiziell anerkannt zu werden. Der oben erwähnte Hofbeauftragte für die Hofwerkstätten hatte zugleich die Oberaufsicht über die städtischen Zünfte.

Der Stellung des Zunftvorstehers kam große Bedeutung zu, da die Zunftmitglieder verpflichtet waren, seine Vorschriften zu beachten. So setzte er z.B. den Abstand zwischen zwei Geschäften außerhalb des Bazars fest (übrigens eine auch noch heute geübte Praxis, um unnötige Konkurrenz zu verhindern und eine gleichmäßige Versorgung aller Stadtteile mit bestimmten Dienstleistungen zu gewährleisten) und verteilte die von den Zünften und ihren Angehörigen zu erbringenden Pflichtabgaben und Arbeitsleistungen gegenüber der Krone. Die Eröffnung einer Arbeits- oder Verkaufsstätte erforderte die Bezahlung einer kleinen Summe an den Vorsteher bzw. an die Zunftorganisation. Ansonsten war die Berufswahl völlig frei und setzte keine Ausbildung voraus.

An dieser Stelle soll kurz das Verhältnis zwischen Meister und "Lehrlingen" dargestellt werden, das sich seit der Safavidenzeit bis heute nahezu unverändert in dieser Form erhalten hat:

Meister und "Lehrling" waren einander gegenüber ohne Vertrag, so daß der Meister den "Lehrling" jederzeit entlassen bzw. dieser seinen Meister beliebig verlassen konnte. Der Begriff "Lehrling" darf dabei nicht im wörtlichen Sinne verstanden werden, da keine Ausbildung erfolgte, die Arbeit allein dem Verdienst des Lebensunterhaltes diente und der "Lehrling" eine billige Arbeitskraft war. Im Laufe der Zeit konnte ein "Lehrling" jedoch meistens die erforderlichen Kenntnisse erwerben und sich durch die Zunftorganisation als Meister anerkennen lassen, ein Titel, der seitens des Staates bestätigt und öffentlich bekannt gegeben werden mußte (vgl. KESHAWARZ 1975: 300 und TORABI-NEJAD 1979: 277).

Die Berufsbezeichnung setzte der Berufsausübung keine Grenzen, so daß ein Kupferschmied durchaus Silber verarbeiten konnte (vgl. CHARDIN 1966: 299, Bd. 4). Dem Staat vorbehalten blieb die Qualitätskontrolle sowie die Preisbestimmung in den Hofwerkstätten (vgl. TORABI-NEJAD 1979: 272).

Alle Zünfte waren verpflichtet, je nach Bedarf gemeinnützige Arbeit zu leisten, d.h. sie mußten sich gegebenenfalls am Bau von Moscheen, Brücken u.ä. beteiligen. Dazu kamen die bereits angesprochenen Dienst- und Leistungsverpflichtungen gegenüber dem Hof (bigari). Die Verweigerung dieser auch als Fronarbeit zu bezeichnenden Pflichten wurde hart bestraft (vgl. TORABI-NEJAD 1979: 272), jedoch mußten zu Frondiensten verpflichtete Zünfte keine sonstigen Abgaben leisten. Einige Zünfte wie Schuster, Kürschner, Hutmacher u.ä. waren grundsätzlich nicht zur Fronarbeit, sondern lediglich zu Abgaben verpflichtet (vgl. KESHAWARZ 1975: 300).

Auch nach der Safavidenzeit blieben die Berufsorganisationen im Prinzip erhalten. Aus der Qajarenzeit ist bekannt, daß ein Großkaufmann zur Oberaufsicht über kaufmännische Belange und die Zünfte gewählt wurde, der sogenannte "malek-o-tojjar", d.h. Fürst der Kaufleute (vgl. dazu FLOOR 1976; MIGEOD 1956). Im 19. Jahrhundert bildeten die Zünfte in der städtischen Gesellschaft eine relativ unabhängige Gruppe. Die Berufsorganisationen wurden vom Vorsteher und den sogenannten Vertrauten (rish-sefidan) verwaltet, wobei die Stellung des Vorstehers in der Regel erblich war; in manchen Fällen wurde er auch durch die Mitglieder der Zünfte gewählt (vgl. SODAGAR 1978: 208). Zu den Pflichten des Vorstehers gehörten unter den Qajaren u.a. die Schlichtung von Streitigkeiten, Untersuchungen über Bankrottursachen (FLOOR 1977) und Hilfeleistungen beim Wiederaufbau der Unternehmen, während die Vertrauten für die Pflichtabgaben, die Einschätzung der Lehrlingsleistungen, die Beziehungen zu anderen Zünften sowie die Annahme und Verteilung von Bestellungen zuständig waren. Sie alle verkörpern also fast die Rolle eines Mittlers und waren somit um ein gutes Verhältnis zu allen Beteiligten bemüht.

Obwohl sich gerade zu Beginn dieses Jahrhunderts die Situation der Arbeiter und Handwerker im Zusammenhang mit dem Ersten Weltkrieg (zunehmend geringere Löhne, wachsende Arbeitslosigkeit, 14-Stunden-Tag usw.) verschlechtert hatte, ließen die Aktivitäten der Berufsorganisationen zu dieser Zeit merklich nach (vgl. KESHAWARZ 1980: 466). Mit der Krise während Reza Shahs Machtergreifung 1925 wurden sie dann völlig zurückgedrängt. Parallel zur Festigung seiner Macht leitete Reza Shah soziale Reformen ein, in deren Rahmen auch die Wiederzulassung der

Berufsorganisationen stand, allerdings als staatliche Kontrollorgane über Arbeiter und Zünfte. Das änderte sich auch nicht mit den Reformen dieser Berufsorganisation nach westlichem Vorbild nach dem Zweiten Weltkrieg, da sie weiterhin nicht autonom waren und bis heute staatlich bestellt und kontrolliert sind.

Seit dem Zweiten Weltkrieg war das System der Berufsorganisationen einem ständigen Wandel unterworfen, bis 1971 vom Parlament ein Gesetz verabschiedet wurde, welches den Rahmen für die Arbeit der Berufsorganisationen fixierte und ihre Befugnisse und Rechte klar formulierte. Nach dem Zunftorganisationsgesetz vom 16.7.1971 ist die Organisation folgendermaßen aufgebaut: die Mitglieder eines bestimmten Gewerbezweiges bilden eine Zunft (senf). Das Wort "senf" beschreibt dabei sowohl den einzelnen Handwerker (z.B. Kupferschmied) als auch den Betrieb, d.h. die Kupferschmiede, wie auch die Summe aller Betriebe gleicher handwerklicher Ausrichtung. Dabei ist allerdings ein Unterschied zu machen insofern, als viele Handwerker aus noch näher darzulegenden Gründen auf eine Mitgliedschaft in der etehadiyeh und damit auf eine amtliche Registrierung verzichten. So ist lediglich jeder Handwerker eines registrierten handwerklichen Betriebes automatisch Mitglied der etehadiyeh, die somit den zunftartig organisierten Zusammenschluß aller registrierten senf-Mitglieder darstellt. Die Mitglieder der etehadiyeh wählen aus ihren Reihen - je nach Größe der Stadt - zwischen 5 und 15 Vertreter, die dann den Zunftvorstand bilden. Voraussetzung für die Gründung einer etehadiyeh ist die Existenz von mindestens 50 Betrieben der gleichen Zunft; bei weniger als 50 Betrieben ist eine Sondergenehmigung erforderlich. Mehrere etehadiyeh wiederum bilden die otaq-e-asnaf (Zimmer der Zünfte; asnaf = pl. von senf). Dabei wählt jede etehadiyeh ein Mitglied, das die etehadiyeh bei der otaq-e-asnaf vertritt. Aus diesen Vertretern wiederum werden 5-30 Personen gewählt, die die otaq-e-asnaf bilden und den Vorstand von 3-11 Mitgliedern aus ihren Reihen wählen (vgl. Abb. 2).

Die Finanzierung der verschiedenen berufsständischen Organisationen erfolgt vor allem durch die Mitglieder, aber auch durch den Staat, der Zuschüsse besonders an die otaq-e-asnaf zahlt. Jedes Mitglied einer etehadiyeh muß eine Aufnahmegebühr von 2.000 bis 3.000 Rial, einen monatlichen Beitrag von 30 bis 200 Rial, für die Ausstellung eines Gewerbescheins ca. 12.000 Rial und eine einmalige Einlage von 600 Rial in die Genossenschaftskasse zahlen. Die etehadiyeh führt die Einnahmen für die Genossenschaftskasse total und 15% der restlichen Einnahmen an die otaq-e-asnaf ab.

Das Zunftorganisationsgesetz von 1971 definiert die Zunftzugehörigkeit, bestimmt Voraussetzung und Aufgaben der etehadiyeh und reguliert die Pflichten und Ziele der otaq-e-asnaf. Zu den Aufgaben der etehadiyeh gehören u.a.:

- Ausführung und Beachtung der Bestimmungen und Beschlüsse der otaq-e-asnaf für die einzelne Zunft;
- Festlegung des Jahreshaushalts und Erstellung einer Bilanz;

Abbildung 2: Schema der asnaf-Organisation

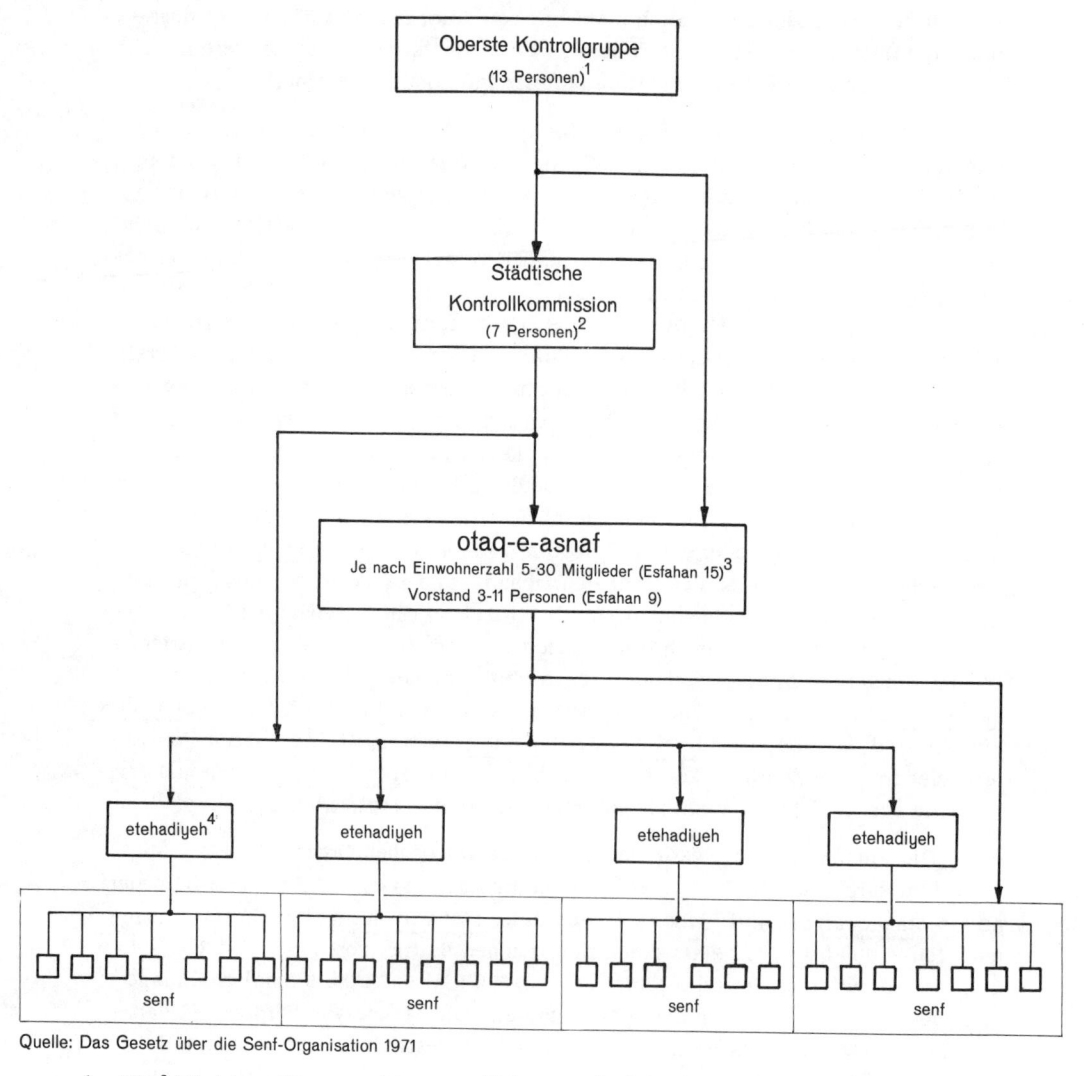

```
                    ┌─────────────────────┐
                    │ Oberste Kontrollgruppe│
                    │   (13 Personen)[1]   │
                    └─────────────────────┘
                              │
                    ┌─────────────────────┐
                    │     Städtische       │
                    │  Kontrollkommission  │
                    │   (7 Personen)[2]    │
                    └─────────────────────┘
                              │
              ┌─────────────────────────────────┐
              │          otaq-e-asnaf            │
              │ Je nach Einwohnerzahl 5-30       │
              │ Mitglieder (Esfahan 15)[3]       │
              │ Vorstand 3-11 Personen (Esfahan 9)│
              └─────────────────────────────────┘
                              │
        ┌──────────┬──────────┼──────────┬──────────┐
   etehadiyeh[4] etehadiyeh  etehadiyeh   etehadiyeh
     │ │ │ │      │ │ │ │ │    │ │ │        │ │ │ │
      senf          senf         senf         senf
```

Quelle: Das Gesetz über die Senf-Organisation 1971

1. Fünf Minister, Bürgermeister von Tehran, Chef der Polizeibehörde des Landes, Chef der Tehraner otaq-e-asnaf und fünf Juristen und Wirtschaftswissenschaftler.
2. Gouverneur (pers. farmandar), Bürgermeister, je ein Vertreter des Agraramtes, des Arbeitsamtes, der otaq-e-asnaf, des Kreistages (anjaman-o-shahrestan) und der Stadtverordnetenversammlung (anjaman-shahr).
3. Jede etehadiyeh hat einen Vertreter bei der otaq-e-asnaf (auf zwei Jahre gewählt).
4. Vorstand 5-15 Personen (auf zwei Jahre von den Mitgliedern der etehadiyeh gewählt).

- Maßnahmen zur beruflichen Aus- und Weiterbildung der etehadiyeh-Angehörigen und Ausstellung von Gewerbescheinen;
- Überwachung der Vorschriften der otaq-e-asnaf, z.B. die Einhaltung der Entfernung zwischen Geschäften oder Arbeitsstätten außerhalb des Bazars.

Die otaq-e-asnaf ist die Dachorganisation der etehadiyehha, welche auf städtischer Ebene deren Arbeit koordiniert, die Wahrung der sozialen Rechte und Pflichten der etehadiyeh-Mitglieder überwacht und über die Genehmigung von Gewerbeerlaubnissen entscheidet. Dazu kommt die Wahlaufsicht bei den etehadiyehha, Bestimmung und Abgrenzung der Produkte und Preise einzelner Zünfte sowie Schaffung der schon erwähnten Genossenschaftskasse, die zur Hilfe für die Zunftmitglieder bei Krankheit und Tod dient.

Die Belange der außerstädtischen Gewerbe, die keine Zunft (senf bzw. etehadiyeh) bilden, werden vom Rat des shahrestan geregelt, wobei Dorfvorsteher (kadkhoda) und Gendarmerie als deren Vertreter fungieren. In den Städten ohne otaq-e-asnaf werden deren Aufgaben vom Magistrat wahrgenommen (vgl. GESETZ ÜBER DIE SENF-ORGANISATION).

Der Tendenz und erklärten Absicht des Gesetzes gemäß soll das Zunftorganisationsgesetz von 1971 die Autonomie und Selbstverwaltung des Handwerks und der Handwerker sicherstellen. Schon aus dem organisatorischen Aufbau (vgl. Abb. 2) geht indes hervor, daß die Realität in Iran anders aussieht, als es den gesetzlichen Bestimmungen entspricht. So war und ist die otaq-e-asnaf in der Regel lediglich ein Kontrollorgan des Staates. Wahlen waren nur vorgeschoben, und die Funktionäre wurden von der otaq-e-asnaf, der Geheimpolizei und dem Arbeitsamt (6) eingesetzt. Wie sich aus Gesprächen des Verfassers mit Handwerkern in Esfahan ergab, sahen weite Teile der Gewerbetreibenden keine Vorteile in der Zugehörigkeit zu einer etehadiyeh und ihrer Dachorganisation. Vielmehr lehnten viele Handwerker eine Mitgliedschaft in der etehadiyeh ab, da sie die Organisation als Teil des Staatsapparates ansahen und eine umfassende Kontrolle fürchteten. Sie ließen sich nicht registrieren und arbeiteten ohne Gewerbeschein, wobei sie die Schließung ihres Betriebes und andere Sanktionen in Kauf nahmen. Der Umfang dieses eigentlich illegalen Verhaltens wird denn auch aus den Übersichten des folgenden Abschnitts deutlich.

1.2.3 Otaq-e-asnaf, Sozialversicherung und handwerkliche Genossenschaften in Esfahan

Die verschiedenen sozialen wie wirtschaftlichen Organisationsformen des Handwerks in Esfahan ermöglichen über den in 1.2.1 gegebenen Überblick hinaus eine Konkretisierung der Größe und Bedeutung einzelner Handwerkszweige in der Stadt. Nach dem Vorhergehenden aber dürfte klar sein, daß hier nur eine qualitative, nicht aber quantitative Konkretisierung des Esfahaner Handwerks erfolgen kann. Dies ergibt sich nicht nur aus der eben erwähnten Tatsache, daß viele Handwerker in der Vergangenheit immer wieder auf ihre Registrierung verzichteten und damit letzten Endes außerhalb der Zunftorganisation verblieben, sondern auch daraus, daß neben Handwerken sensu stricto auch Handel und Dienstleistungen in senf bzw. etehadiyeh zusammengefaßt waren. Insgesamt sind in Esfahan in der otaq-e-asnaf 59 etehadiyeh vertreten.

Tabelle 3: Bei der otaq-e-asnaf registrierte Werkstätten und Geschäfte in Esfahan

senf	Zahl der registrierten Betriebe (1976)	Gesamtzahl der Werkstätten (1975)
Stoffdruckerei	12	53
Steppdeckennäher	12	127
Hutmacher	17	17
Gerberei	3	14
Schuster, Oberledermacher, Schuhhändler	421	835
Sattler (Koffer u. Tasche)	32	34
Tischler u. Möbelhandwerker	349	995
Drechsler	4	53
Möbellackierer	10	17
Polstermacher	8	21
Keramik- u. Kachelherstellung	3	19
Intarsienherstellung	15	81
Verkauf von handwerklichen Erzeugnissen	63	123
Gold- u. Silberschmiede	188	302
Kupferschmiede u. Verzinner	45	177
Ziseleur	113	374
Schlosser	217	226
Gießerei	15	59
Insgesamt	1.527	3.527

Quelle: Freundliche Mitteilung der otaq-e-asnaf (Esfahan) / SCI: 1975 b

Der Versuch, die in den etehadiyehha zusammengefaßten Handwerke i.e.S. zu ermitteln und der Vergleich ihrer Zahl mit der Gesamtzahl der bekannten Betriebe (vgl. dazu auch Tab. 1) zeigt, daß im Durchschnitt nur etwa 43% aller Betriebe in der otaq-e-asnaf erfaßt sind. Dabei schwanken die Anteile, nach Handwerken differenziert, erheblich: von den größeren Zünften sind die Schlosser mit 96% aller bekannten Betriebe z. B. fast vollständig registriert, während bei den Tischlern und Möbelschreinern nur 35%, bei Schustern und sonstigen lederverarbeitenden Betrieben dagegen 50% der Werkstätten erfaßt sind.

Eine weitere Quelle, die in Esfahan Aussagen über Handwerk und Handwerker gestattet, sind die Unterlagen der Sozialversicherung. Nach dem Versorgungsgesetz von 1975 unterliegt in Iran jeder Betrieb mit zwei oder mehr Beschäftigten der Versicherungspflicht für seine Angestellten. Der Beitrag beträgt 27% des Lohnes. Davon trägt der Handwerker selbst 7% und der Arbeitgeber, hier der Werkstattbesitzer oder Meister, 20% (7). Angesichts des geringen Einkommens waren diese Beträge in der jüngsten Vergangenheit zu hoch für die meisten Handwerker, so daß auch diese Regelung dazu beitrug, daß viele Betriebe an einer Registrierung nicht interessiert waren. Auch versuchten viele Betriebe, die Versicherung auf andere Weise zu umgehen. Zum einen verzichteten viele Meister auf Angestellte, was zum Rückgang der Produktion und der Beschäftigtenzahlen führte, zum anderen wurde vielfach "schwarz" gearbeitet, was jedoch in einigen Gewerbezweigen mit großen Risiken verbunden war. Wieviele Betriebe dennoch solche Methoden anwendeten, wird in Tabelle 4 und durch ihren Vergleich mit Tabelle 1 deutlich.

Die mehrfach erwähnten Probleme des Esfahaner Handwerks, ihre organisatorischen wie wirtschaftlichen Unzulänglichkeiten sowie die Versuche der Regierung, das traditionelle Handwerk zu beleben und zu stärken, führten im Rahmen des dritten Wirtschaftsplans 1964 zur Gründung der "Iranischen Handwerks-Organisation" (IHO). Anders als bei den traditionellen Organisationsformen wie etehadiyeh oder otaq-e-asnaf handelt es sich bei der IHO um eine von der Regierung gegründete Genossenschaft, deren Ziele und Aufgaben gemäß ihrer Satzung wie folgt definiert sind:

- Verbesserung und Entwicklung des iranischen Handwerks
- Einkommenserhöhungen für die Beschäftigten sowie Verbesserung ihrer allgemeinen Lage
- Vermittlung von Arbeitslosen in die handwerkliche Produktion
- Erstellung eines Marketing-Programms für handwerkliche Produkte
- Anpassung der Produktion an die Nachfrage.

Aus diesen Zielen ergeben sich folgende Aufgaben für die IHO:

- Erhebung und Erstellung von Statistiken sowie wirtschaftlicher Studien aus allen Bereichen des Handwerks
- Hilfe bei der Organisation neuer Genossenschaften

Tabelle 4: Zahl der Betriebe mit Versicherungsschutz bei ausgesuchten Handwerkszweigen in Esfahan 1975

Handwerkszweige	Versicherte Werkstätten	Beschäftigte	Gesamtzahl der Werkstätten	Versicherungspflichtige Beschäftigte
Schuster/Schuhhändler	501	899	764	1.192
Gold- u. Silberschmiede	201	321	302	315
Tischler u. ä.	141	207	692	687
Möbelschreiner	98	177	233	411
Ziseleure	96	121	374	673
Stoffdrucker	38	105	53	164
Schlosser	50	103	226	147
Intarsienhersteller	73	91	81	175
Färber	22	69	47	71
Kupferschmiede/Verzinner	24	60	177	145
Teppichhändler	38	36	402	353
Oberledermacher	23	31	71	151
Sattler (Koffer u. Taschen)	12	40	34	50
Insgesamt	1.317	2.260	3.456	4.534

Quelle: SCI: 1975 b / Mitt. d. Sozialversicherungsbehörde

- Ausbildung und technische Hilfen für die Handwerker
- Versorgung der Genossenschaft bzw. ihrer Mitglieder mit Rohmaterial und Werkzeug
- Vermittlung von Krediten und
- Erschließung neuer Märkte für iranische Handwerksprodukte.

Die Genossenschaften sind autonom und haben im Gegensatz zur otaq-e-asnaf keine staatliche Kontrollfunktion. Jedes Mitglied muß bei seinem Eintritt in die Genossenschaft eine Gebühr entrichten, die je nach Gewerbe unterschiedlich hoch ist und bis zu einer Höchstgrenze aufgestockt werden kann. Bei der Intarsiengenossenschaft in Esfahan z. B. sind mindestens 3.000 Rial zu zahlen und die Kapitalanlage darf nicht mehr als 50.000 Rial betragen. Die Festsetzung der Preise von Rohmaterial, Fertig- und Zwischenprodukten, die Erstellung der Bilanz und die Durchführung der oben genannten Aufgaben obliegt dem Vorstand, der aus 3-5 Handwerksmeistern besteht, von den Mitgliedern gewählt wird und für seine Arbeit ein Entgelt erhält. Die Mitglieder der Genossenschaften sind verpflichtet, einen Teil ihrer Erzeugnisse durch die Genossenschaft verkaufen zu lassen (8). Der durch Rohstoff- und Warenverkauf erzielte Gewinn wird je nach Kapitaleinlage und Wert der an die Genossenschaft gelieferten Waren an die Mitglieder aufgeteilt. Nach ähnlichen Kriterien werden auch die an die Genossenschaft vergebenen Aufträge unter den Mitgliedern verteilt.

Bis zur Revolution des Jahres 1979 waren in Iran insgesamt 34 Handwerksgenossenschaften entstanden. Daß dabei der Stadt und Provinz Esfahan eine besondere Rolle zufiel, macht Tabelle 5 nachdrücklich deutlich: mit 11 Genossenschaften konzentrierte die Stadt nicht nur fast ein Drittel aller iranischen Handwerksgenossenschaften auf sich, sondern deckte zugleich fast das gesamte handwerkliche Spektrum des Genossenschaftswesens ab. 1977 gab es in Esfahan u.a. Genossenschaften der Stoffdrucker, der Intarsienhersteller, der Silberschmiede, der Schuhmacher, der Weber, der Sticker und Stricker sowie solcher Handwerker, die Ziselier- und Filigranarbeiten, Kacheln und Keramik sowie Miniaturen herstellten.

Tabelle 5: Handwerksgenossenschaften in Iran 1976

Ostan (Provinz)	Zahl der Genossenschaften	Zahl der Mitglieder	Kapitalanlage (1.000 Rial)
Markazi	2	848	951
Korassan	6	1.019	14.371
Esfahan	11	814	6.136
Ostazarboijan	1	15	1.069
Fars	1	39	580
Gilan	1	17	200
Kerman	2	37	13
Kermanshah	1	32	18
Sistan u. Baluchistan	3	116	6
Kordestan	2	25	223
Hamadan	1	50	44
Yazd	3	1.490	4.136
Insgesamt	34	4.502	27.747

Quelle: SCI 1977 a: 480 ff.

Trotz der positiven Ansätze, die die Genossenschaften bieten, konnten sie sich weder in Esfahan noch in anderen Städten durchsetzen. Die Zahl der Mitglieder blieb aufgrund mangelhafter Organisation und des ausgeprägten Individualismus von Anfang an gering, wodurch die Handlungsfähigkeit der Genossenschaften erheblich eingeschränkt wurde. Durch den geringen Kapitalbestand war auch die Beschaffung des Rohstoffes in großen Mengen kaum möglich, so daß den Mitgliedern nicht alle benötigten Rohstoffe in ausreichender Menge zur Verfügung standen und die Preise kaum unter denen des freien Marktes lagen. Da die freien Rohstoffhändler aber nur selten bereit waren, Material in kleinen Mengen abzugeben, kauften selbst die Genossenschaftsmitglieder lieber ihren Gesamtbedarf en gros auf dem freien Markt.

So lag denn insgesamt der Wert und Vorteil des handwerklichen Genossenschaftswesens darin, daß neue Märkte erschlossen wurden. Dazu dienten nicht nur die seit 1970 vor allem in den großen Touristenzentren des Landes - Tehran, Shiraz, Esfahan - entstandenen Geschäfte und Einkaufszentren der IHO, sondern auch eine äußerst aktive Werbung und Vermarktung handwerklicher Produkte in das Ausland. Wenn die soziale Wirksamkeit der IHO mit nur 4.562 Mitgliedern im gesamten Iran auch begrenzt blieb, so wurde sie wirtschaftlich dennoch bedeutsam: 1975 tätigte die IHO etwa 7% des gesamten iranischen Exports von handwerklichen Produkten ohne Teppiche (IHO: 1975 b, S. 17). Auch die Auswirkungen der Genossenschaft auf die Hebung der Qualität handwerklicher Erzeugnisse ist nicht zu unterschätzen.

2. HANDWERK IN ESFAHAN - RÄUMLICHE VERBREITUNGSMUSTER UND SOZIO-ÖKONOMISCHE ORGANISATIONSFORMEN

Im bisherigen Schrifttum um die Geographie der islamisch-orientalischen Stadt spielen, sofern es sich nicht um monographische Abhandlungen handelt und Fragen der wirtschaftlichen und sozialen Funktionen der Stadt im Mittelpunkt des Interesses stehen, vor allem Analysen räumlicher Verbreitungsmuster und Versuche ihrer Erklärung eine besondere Rolle. Musterbeispiele dieses Ansatzes sind, neben den Arbeiten von WIRTH (v.a. 1974/75), z.B. die Bestandsaufnahmen des Bazars von Tabriz durch SCHWEIZER (1972), die Studie der Stadtentwicklung von Tehran durch SEGER (1978) oder der Versuch einer regionalen Differenzierung des traditionellen Geschäftszentrums von Mashhad durch PAGNINI-ALBERTI (1971). Außerhalb Irans ist die jüngst erschienene Arbeit von MAYER (1979) über Lahore ein gutes Beispiel dieser Gattung.

Versuche, soziale wie wirtschaftliche Organisationsformen von städtischem Handel und Handwerk darzustellen, sind demgegenüber bisher rar und lediglich in Verbindung mit bestimmten Branchen angestellt worden. Neben den Iran betreffenden Analysen von Teppichhandel und Teppichmanufaktur durch BAZIN (1973), ENGLISH (1966), EHLERS (1977a, 1981) und WIRTH (1976) verdient m.E. vor allem die Arbeit von AL-GENABI (1976) über den Bazar von Bagdad Beachtung.

Im Rahmen dieser Arbeit soll im folgenden versucht werden, sowohl die räumlichen Verbreitungsmuster von Handel und Handwerk als auch die sozialen wie wirtschaftlichen Organisationsformen bestimmter Handwerke zu erfassen und zu erklären. Die letztgenannte Aufgabe führt dann nahezu selbstverständlich zur Einbeziehung auch des Esfahaner Umlandes und damit zur Frage der Stadt-Umland-Beziehungen.

Bei der Formulierung einer solchen Aufgabenstellung wird deutlich, daß es nicht um eine Totalanalyse des Esfahaner Handels und Handwerks gehen soll, sondern um eine räumliche wie thematische Selektion bestimmter Aspekte. Als Ergänzung zu diesen Ausführungen sei verwiesen auf die TAVO-Karte über Esfahan sowie auf die Studie über den Esfahaner Bazar durch GAUBE-WIRTH (1978).

2.1 Räumliche Verbreitungsmuster von Handel und Handwerk

Die vor allem im deutschsprachigen geographischen Schrifttum ausgiebig diskutierte Frage nach der räumlichen Ordnung der orientalischen Stadt, nach ihrer funktionalen Gliederung und nach den Standorten von Handel und Handwerk hat als wichtigste Erkenntnisse erbracht und inzwischen vielfach erwiesen:

- ein als regelhaft zu bezeichnendes Gefälle in der Wertigkeit und Qualität des Waren- und Dienstleistungsangebots des Bazars vom Zentrum zur Peripherie hin und

- einen ausgeprägten Gegensatz zwischen dem Warenangebot und der Sozialstruktur der Besucherschichten des Bazars einerseits und den modernen Geschäftszentren mit einem "westlichen" Warenangebot andererseits.

Es sei vorweggenommen, daß dieser hier - sicherlich verkürzt - wiedergegebene Befund (vgl. dazu ausführlich WIRTH 1968; 1974/75) auch für Esfahan nachweisbar ist. Deshalb wie auch aufgrund der Tatsache, daß die Frage nach den räumlichen Verbreitungsmustern von Handel und Handwerk nicht im Mittelpunkt der Ausführungen steht, sei im folgenden die regionale Differenzierung von Handel und Handwerk anhand einer Reihe von Kartierungen dokumentiert und kommentiert. Aus den eben genannten Gründen empfiehlt sich dabei eine Zweiteilung der Betrachtung in den Bazarbereich einerseits und die neuzeitlichen Geschäftsviertel andererseits.

Der Bazar von Esfahan gehört - neben denen von Tabriz (SCHWEIZER 1972), Aleppo (WIRTH 1966) oder Fes und Marrakech in Marokko - zu den besten und intaktesten Beispielen großer geschlossener Bazarbezirke orientalisch-islamischer Städte. Genese und Baubestand haben GAUBE-WIRTH in der bereits genannten Arbeit ausführlich und exakt dokumentiert. Die Kartierung des Bazarbezirks und seiner Umgebung in formaler wie funktionaler Hinsicht macht deutlich, daß die bisher entwickelten Vorstellungen über bauliche Gestalt und räumliche Gliederung des Bazars durch das Beispiel Esfahan voll belegt werden. Es gilt nicht nur für die formale Differenzierung in einzelne Bazargassen, in Sarais und <u>timchehha</u>, sondern auch für die regionale Gliederung und Schwerpunktbildung einzelner Handel, Handwerke und Gewerbe. Die folgende Zusammenstellung, zugleich Erläuterung und Ergänzung zu Abbildung 3, macht dies deutlich.

I. <u>Die Straßen</u>

1	Chahar-Bagh-Str.	Kunsthandwerker, westliche Waren, Haushaltswaren
2	Shah-Abbas-Str.	Möbelhändler, Kfz.-Händler, Haushaltswaren, Lebensmittel
3	Sur-Esrafil-Str.	Schuh- und Oberledermacher, Kfz.-Händler, Haushaltswaren, Lebensmittel
4	Sepah Str.	Schuh-Einzelhändler, Teppichhändler, Lebensmittel
5	Neshat Str.	Lebensmittel, Haushaltswaren, verschiedene Handwerker
6	Hafez Str.	Lebensmittel, Haushaltswaren, Oberleder- und Schuhmacher

Abbildung 3: Funktionale Gliederung des Bazarviertels von Esfahan

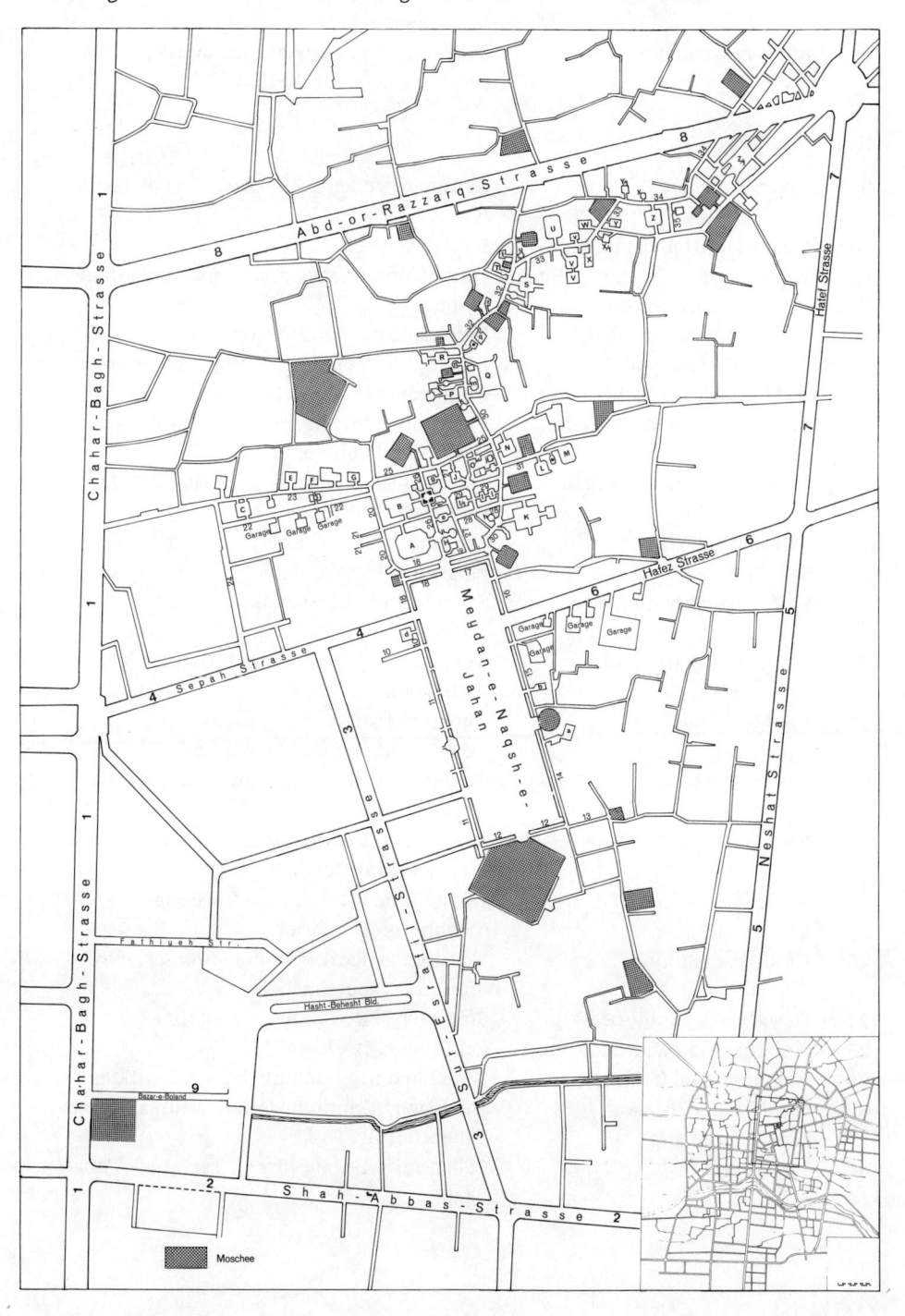

Moschee

7	Hatef Str.	einfache Handwerker, Lebensmittel, Haushaltswaren
8	Abd-or-Razaq-Str.	Schuhmacher, Reparaturhandwerker, Kfz.-Händler, Lebensmittel

II. Die Bazare

9	Bazar-e-Boland	Kunsthandwerker (aller Art), Teppichhändler
10	Mesgaran (Kupferschmiede)	Kupferschmiede
11	Westseite des Meydan-e-Shah (Meydan-e-Naqsh-e-Jahan)	verschiedene Handwerker (nur Ausstellungsräume)
12	Darb-e-Masjed-e-Shah	Kunsthandwerker aller Art
13	Chahar-Su-Maqsud	Lebens- und Nahrungsmittel, Handwerker
14	Kafsh-Duzha (Schuhmacher)	Kunsthandwerker, Schmiede
15	Ahangaran (Grobschmiede)	Grobschmiede, Eisen- und Metallwaren für ländliches Publikum
16	Lawafha (Zeltzubehörhändler)	Lebensmittel, Spezereien, Bau- und Agrarwerkzeuge
17	Sarrafan (Wechsler)	Verkauf von Handwerksprodukten, Nahrungsmittel
18	Kaffashha (Schuhmacher)	Schuhmacher u. -händler, Sattler
19	Qannadha (Zuckerbäcker)	Zuckerbäcker, Spezereien, Gewürze
20	Rangrazan (Färberei)	Teppich- und Teppichmaterialhändler, Färbereien
21	Passage	Teppichhändler
22	Rangrazha (Färberei)	Teppichhändler und Färbereien
23	Bazarcheh-Now	Teppichhändler, Lebensmittel, einzelne Handwerker
24	Telefon-Khaneh-Gasse	Schuh- und Oberledermacher, Teppichhändler, Lebensmittel
25	Najjarha (Tischlerei)	Grobschmiede, Schlosser, Haushaltswaren, Tischler u. Drechsler
26	Chitsazha (Stoffdruckerei)	Touristenartikel, Kunsthandwerker, Stoffdrucker, Teppichhändler
27	Dawatgarha (Schlosser)	Schlosser bzw. Samowarhersteller
28	Tofangsazha (Waffenmacher)	Schlosser, Ziseleure
29	Zargarha (Goldschmiede)	Gold- und Silberschmiede, Antiquitäten
30	Mokhles u. Golshan (Bazar-e-Bozorg)	Textilien, Gemischtwaren, Haushaltswaren, Lebensmittel
31	Monajjem-Bashi	Lebensmittel-, Gewürz-, Tee- und Tabakhändler

32	Darbagh-e-Qalandaran	Gemischt- und Haushaltswaren, Textilien, Lebensmittel, einzelne Handwerker
33	Dar-Talar	Gemischtwaren, Spezereien, einzelne Teppichhändler, Textilien
34	Baghcheh-'Abbasi	Lebensmittel, Haushaltswaren, einzelne Handwerker, Sattler
35	Bazarcheh-ye-Aqa	einfache Handwerker, Lebensmittel

III.	Sarais	
A	Shah	Schlosser, Metallverarbeitung, Schuhmacher
B	Chitsazha	Stoffdrucker, Färber, Schlosser
C	Etedaliyeh	Lager (auch Garage)
D	Nilchi	Lagerräume, meist Chemikalien
E	Borujeniha	Lagerräume, Teppichhändler, Metallverarbeitung
F	Lenj	Teppichhändler, -flicker und Lagerräume für Teppiche
G	Qeychisazha	Metallverarbeitung, Gießerei, Lagerräume
H	Shelleh	Lagerräume, Schuhmacher, Stoffdrucker
I	Malek	Lagerräume, Handelsbüro, Haushaltswaren
I_1	Barandaz-e-Malek	Textilien, Handelsbüro, Haushaltswaren, Kleidung
J	Sang-Tarashha	Stoffdrucker, Schlosser, Lagerräume
K	Mokhles	Handelsbüro, verschiedene Handwerker, Lagerräume
L	Monajjem	Goldschmiede, Schlosser, Metallverarbeitung
M	Now-Monajjem	Goldschmiede, Schlosser, Lagerräume
N	Mohammad-Sadeq-Khan	Handelsbüro, Textilien, Teehändler, Lagerräume, Haushaltswaren
O	Hajj-Mirza-'Ali-Naqi	Handelsbüro, Textilien, Lagerräume
P	Fakhr	Textilien, Handelsbüro
Q	Golshan	Textilien, Handelsbüro, Porzellan, Schuhhändler, Lagerräume
R	Jarchi-Bashi	Lagerräume, Textilien, Handelsbüro
S	Hajj-Karim	Teehändler, Lagerräume, Textilhändler, Handelsbüro
T	Khunsariha	Schneider, Lagerräume, Handelsbüro, Textilien
U	Talar	Lagerräume, Handelsbüro, Teppichhändler, Nahrungsmittel

V	Mirza-Kuchek	Textilhändler u. -weber, Lagerräume
W	Mir-Esma'il	Leer, Lagerräume
X	Dalan-Deraz	Lagerräume, Handelsbüro, Textilien
X_1	Sefid	Lagerräume, Wohnräume
Y	Shamma'iha	Lagerräume, Ziseleur
Y_1	Pa-Derakht	Wollhändler, Lagerräume
Z	Aqa	Getreidemühle, Lagerräume
Z_1	Zoghaliha	Garage, Kupferschmiede, Holzkohlenhändler, Lagerräume

IV. <u>timchehha</u>

a	Mahyariha	Lager- und Wohnräume
b	Sheykh-Heydar	Lager- und Wohnräume
d	Messgari	Kupferschmied
e	Jahangiri	Teppichhändler, <u>samowarsaz</u>, Lagerräume
f	Kohneh-Chini	Lagerräume
g	Dawatgari	Schlosser, <u>samowarsaz</u>
h	Zarrabi	Großhandelsbüro
i	Qahweh-Kashiha	Handelsbüro, Lagerräume, Textilhändler
j	Kaufhaus	Haushaltswaren
k	Atiqeh-Forushha	Textilhändler, Haushaltswaren, Porzellan
m	Hajj-Karim	Textilhändler, Schuhhändler
n	Nakhchian	Lagerräume
p	Arbab	Textilhändler, Lagerräume, Handelsbüro
q	Hena-Sabha	Lager
r	Qazwiniha	Handelsbüro (Porzellan, Tuch, Farbe), Lagerräume
t	Hajj-Karim-Poshti	Handelsbüro, Lagerräume
u	Sa'adat	Handelsbüro, Lagerräume
v	Morwarid-Forushha	Handelsbüro, Schneider, Lagerräume
y	Hajj-Mostafa	Zuckerhut-Gießerei, Lagerräume

Die exakte Erfassung des Geschäftsbesatzes sowie der räumlichen Verteilung bestimmter Branchen im <u>Bazar</u> selbst (siehe Farbkarte) bestätigt die These vom zentral-peripheren Gefälle auch im Detail. Der zum Meydan-e-Naqsh-e-Jahan gelegene Eingang des Bazars sowie dessen Eingangsachse, der Bazar-e-Chitsazha, sind dabei einseitig durch ein ausschließlich auf Touristenbedarf ausgerichtetes, hier aber sehr vielfältiges Warenangebot gekennzeichnet. Lederartikel verschiedenster Art, Teppichhandel, Gold- und Silberwaren finden sich ebenfalls in Nähe und Nachbarschaft des Bazareingangs, während mit zunehmender Entfernung davon

Artikel des täglichen Bedarfs und geringerer Wertigkeit gehandelt werden.

Sarais und timchehha sind auch im Bazar von Esfahan die bevorzugten Standorte von Handwerk und Lagerung. Auch hier ist eine eindeutige Differenzierung zu konstatieren. In Nähe des Bazareingangs sind Gebäude und Innenhöfe noch vielfach Standorte eines aktiven Handwerks. Daneben spielen Nutzungen als Büros sowie als Lagerräume hochwertiger Güter (besonders: Teppiche!) eine besondere Rolle. In größerer Distanz vom Haupteingang ist der Nutzungsgrad ungleich geringer, und auch die "Wertigkeit" der vertretenen Handwerke und Handelsfunktionen fällt deutlich ab. Vor der Revolution des Jahres 1979 war dieses Gefälle auch in der Zusammensetzung der Besucherschichten klar erkennbar: der Eingangsbereich des Bazars und seine unmittelbare Umgebung waren das Eldorado eines internationalen Touristenstroms. Zentrum und Peripherie, vor allem aber die abseits der Bazarachse gelegenen Gassen, Sarais und timchehha wurden vor allem von einer iranischen, häufig sogar bäuerlich-nomadischen Bevölkerung aufgesucht, die hier das ihren Bedürfnissen entsprechende Waren- und Dienstleistungsangebot fand.

Wenn es auch in Esfahan angesichts einer safavidischen Stadtplanung verfehlt sein mag, von "modernen Geschäftszentren" (etwa im Sinne der Tehraner Neustadt) zu sprechen, so ist dennoch unbestritten, daß die großen, zwischen dem Bazar und dem Zayandeh Rud gelegenen Durchgangsstraßen und Plätze Standorte eines auf gehobene Ansprüche und europäische bzw. amerikanische Touristen ausgerichteten Warenangebots sind. Die detaillierte Erfassung einzelner typischer Straßen soll diese Aussage belegen. Dabei muß bemerkt werden, daß die in den Karten vorgenommene Trennung in Handel und Handwerk nicht in jedem Fall so deutlich vollziehbar ist, wie es auf der Karte erscheint. Viele Handwerker vertreiben die von ihnen hergestellten Erzeugnisse in ihren eigenen Läden, während umgekehrt etliche Geschäftsleute Handwerker in ihren Geschäftsräumen als Lohnarbeiter beschäftigen und die Fertigprodukte zum Kauf anbieten.

Der Meydan-e-Naqsh-e-Jahan, ein bereits unter Shah 'Abbas beliebtes Geschäftszentrum der Stadt (vgl. Abb. 1), stellt sich als ein völlig vom touristischen Angebot geprägter Geschäftsbezirk dar. Vor allem beiderseits des Bazareingangs sowie des Eingangsportals zur Königsmoschee sowie in den sich zum Platz hin öffnenden Läden der Längsseiten des Platzes wechseln Teppichhändler, Miniaturisten, Intarsiengeschäfte, Antiquitäten- und Schmuckläden in bunter Folge ab. Branchenmäßige Konzentrationen stellten lediglich die Kupferschmiede sowie - im Übergangsbereich zum Bazar - die Schuhmacher dar. Während letztere bereits zum Bereich des großen geschlossenen Komplexes der Lederverarbeitung (siehe Farbkarte) gehört, ergibt sich die Konzentration der Kupferschmieden aus der hohen Lärmbelästigung, die die Arbeit jedes einzelnen Betriebes erzeugt und somit eine räumliche Verdichtung der Werkstätten sinnvoll erscheinen läßt.

Warenangebote des täglichen Bedarfs wie z.B. Nahrungsmittel oder solche des nicht-täglichen, aber ausschließlich auf die Befriedigung lokaler Bedürfnisse

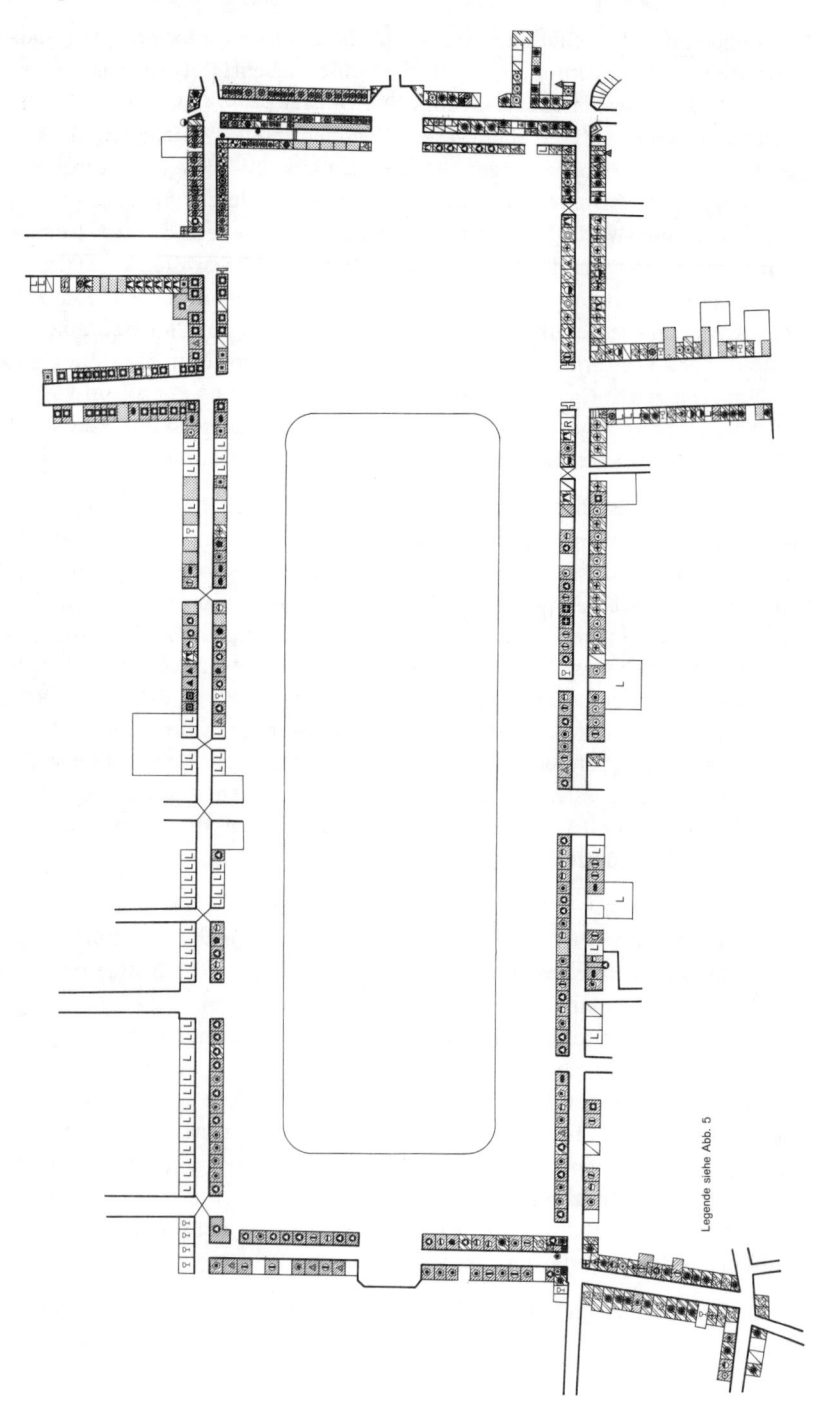

Abbildung 4: Meydan-e-Naqsh-e-Jahan: Geschäftsbesatz Sommer 1979

gerichteten Bedarfs (Haushaltswaren z. B.) finden sich gelegentlich auch hier, durchweg aber in der den Platz begleitenden Verkaufskollonade, die als überdachte Bazargasse die gesamte Platzanlage umgibt. Wie groß das Gefälle auf engstem Raum sein kann, ergibt sich aus einer gewissen Häufung von Trödelangebot und Altkleiderhandel in der NE-Ecke des Platzes.

Die Chahar Bagh, Prachtstraße des safavidischen Esfahan und neben dem Bazar beliebtestes Einkaufszentrum des internationalen Tourismus wie auch vieler Iraner, ist naturgemäß ebenfalls stark durch ein touristenorientiertes Warenangebot gekennzeichnet. Handel dominiert hier eindeutig gegenüber dem Handwerk. Dennoch gilt das, was bereits im Zusammenhang mit dem großen Zentralplatz gesagt wurde: Handel und Handwerk lassen sich nicht in jedem Fall eindeutig trennen.

Eine nähere Analyse des Geschäftsbesatzes im Sommer 1977 zeigt, daß in der "Wertigkeit" des Warenangebots im Verlauf der Straße erhebliche Unterschiede bestehen. Waren für ein kaufkräftiges Publikum finden sich insbesondere im unteren Teil der Chahar Bagh, d.h. zwischen dem Bazar-e-Boland und dem Fluß und hier wiederum insbesondere auf dem westlichen Teil der Straße. Mit zunehmender Entfernung vom Fluß und in Richtung auf das Rathaus der Stadt Esfahan hin nimmt die Qualität der angebotenen Waren und Dienstleistungen erheblich ab, wobei zugleich eine Veränderung der traditionellen Baustruktur der Geschäfte zu beobachten ist. Ebenfalls auf dem westlichen Teil der Straße prägen hier zahlreiche Passagen, meist mit einem Angebot täglichen oder nicht-täglichen lokalen Bedarfs, Form und Gestaltung des Geschäftsbesatzes. Insgesamt läßt sich für den gesamten Verlauf der Straße keine eindeutige Branchensortierung oder branchenspezifische Schwerpunktbildung erkennen. Eine Ausnahme davon macht lediglich der in den letzten Jahren neugestaltete und im alten Stil wiederhergerichtete Bazar-e-Boland, in dem sich Fabrikations- und Verkaufseinrichtungen eines fremdenverkehrsorientierten Kunstgewerbes in massiver Form ballen. Vor allem der Teppichhandel hat hier einen gewichtigen Standort. Daß hier die unmittelbare Nachbarschaft zu einer der schönsten und am häufigsten besuchten Moscheen Esfahans ein besonderer Standortfaktor ist, dürfte zu dieser Spezialisierung des Bazars beigetragen haben.

Daß es dennoch auch im Verlauf von größeren Durchgangsstraßen zu Branchengruppierungen und Schwerpunktbildungen bestimmter Handwerke kommen kann, belegen die beiden folgenden Abbildungen (Abb. 6 u. 7). So finden sich z.B. in der Sur-Esrafil-Straße nach einer Bestandsaufnahme des Sommers 1979 eine beachtliche Zahl von Grobschmieden und ihnen verwandten Einrichtungen wie z.B. Kfz.-Handel und -Handwerk, Metallverkauf, Altmetallhandel usw. Demgegenüber sind in der Shah-'Abbas-Straße bemerkenswerte Konzentrationen von holzverarbeitenden Betrieben und Verkaufseinrichtungen zu beobachten. Daß allerdings internationale Großhotels, wie das vor der Revolution vor allem von ausländischen Touristen besuchte Luxushotel "Shah 'Abbas", ihrerseits innerhalb eines Straßenverlaufs zu einem gewichtigen Standortfaktor und zur Ursache "zentralperipherer" Gegensätze werden können, beweist das kleine Geschäftszentrum gegenüber dem Hotel, das durch eine

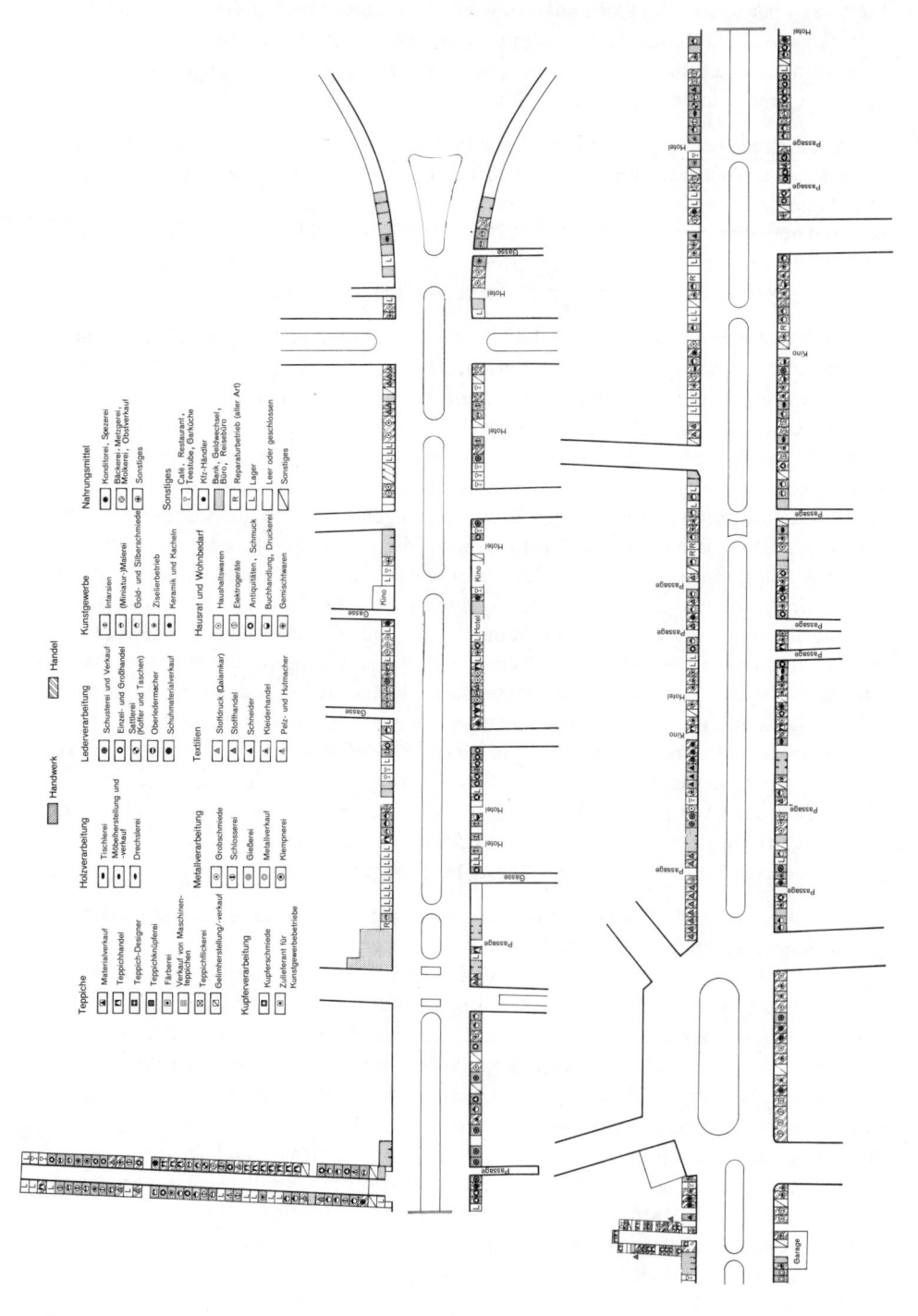

Abbildung 5: Chahar-Bagh-Straße: Geschäftsbesatz Sommer 1977

fast einseitige Nutzung durch Banken, Geldwechsler, Reisebüros usw. gekennzeichnet war. Der hier vorgesehene weitere Ausbau zu einem Subzentrum gehobenen touristischen Warenangebots wurde durch die Ereignisse der Revolution unterbrochen.

Die Sepah Straße schließlich weist in verschiedenen Abschnitten ebenfalls auffällige Konzentrationen bestimmter Handwerke auf. So fällt die Verdichtung zahlreicher lederverarbeitender Betriebe in diesem Bereich auf: Schuhherstellung, Einzel- und Großhandel des Lederverkaufs, Angebot von verschiedenen Accessoires der Schuhherstellung und ähnliche Einrichtungen bilden hier, neben dem eindeutigen Schwerpunkt im Südwesten des Bazarviertels, ein zweites Zentrum der Schuhmacherei. Auch hier gilt, daß Handel und Handwerk sich nicht in jedem Fall eindeutig trennen lassen.

Insgesamt zeigt der Überblick über die räumlichen Verbreitungsmuster von Handel und Handwerk und seine Dokumentation an verschiedenen ausgewählten Beispielen, daß die gängigen Beschreibungs- und Erklärungsansätze für die räumliche Ordnung von Handel und Handwerk in Städten des islamischen Orients auch für Esfahan zutreffend sind. Unter Hinweis auf die inzwischen zahlreichen einschlägigen Untersuchungen erübrigt sich somit an dieser Stelle eine weitere Diskussion der Ursachen für dieses Verbreitungsmuster sowie Versuche ihrer Erklärung.

2.2 Sozio-ökonomische Organisationsformen ausgewählter Handwerke

Im folgenden Kapitel sollen am Beispiel von fünf Handwerkszweigen räumliche, wirtschaftliche und soziale Organisationsformen von Handwerk und Handel mit handwerklichen Produkten analysiert werden. Besondere Bedeutung kommt bei der Darstellung der verschiedenen Handwerke den folgenden Aspekten zu:
- räumliche Standortverteilung;
- Herkunft und Vermarktungsformen der Rohmaterialien;
- Produktion und ihre Phasen;
- Vermarktungsmechanismen der Fertigware;
- Preisgestaltung.

Der handwerkliche Betrieb, der Gebrauchsgüter oder auch kunstgewerbliche Waren fabriziert, stellt innerhalb des Wirtschaftssystems nur ein Glied in einer Kette dar, die von der Rohstoffgewinnung bis zum Konsumenten des Fertigprodukts reicht. Neben der heute teilweise industriellen Produktion der Rohstoffe und deren Bearbeitung durch auf Zwischen- und Endprodukte spezialisierte Handwerker (san'atgar oder pishehwar) sind in diese Kette verschiedene Stellen zwischengeschaltet, die die Distribution der einzelnen Produkte übernehmen:

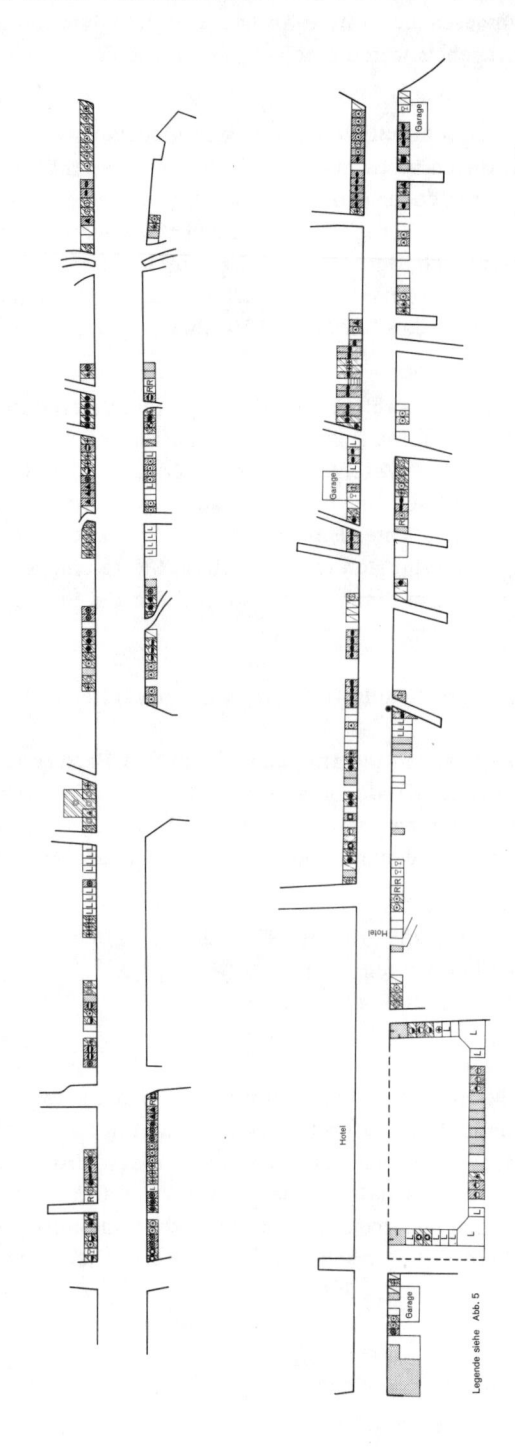

Abbildung 6: Sur-Esrafil-Straße: Geschäftsbesatz Sommer 1979

Abbildung 7: Sepah Straße: Geschäftsbesatz Sommer 1979

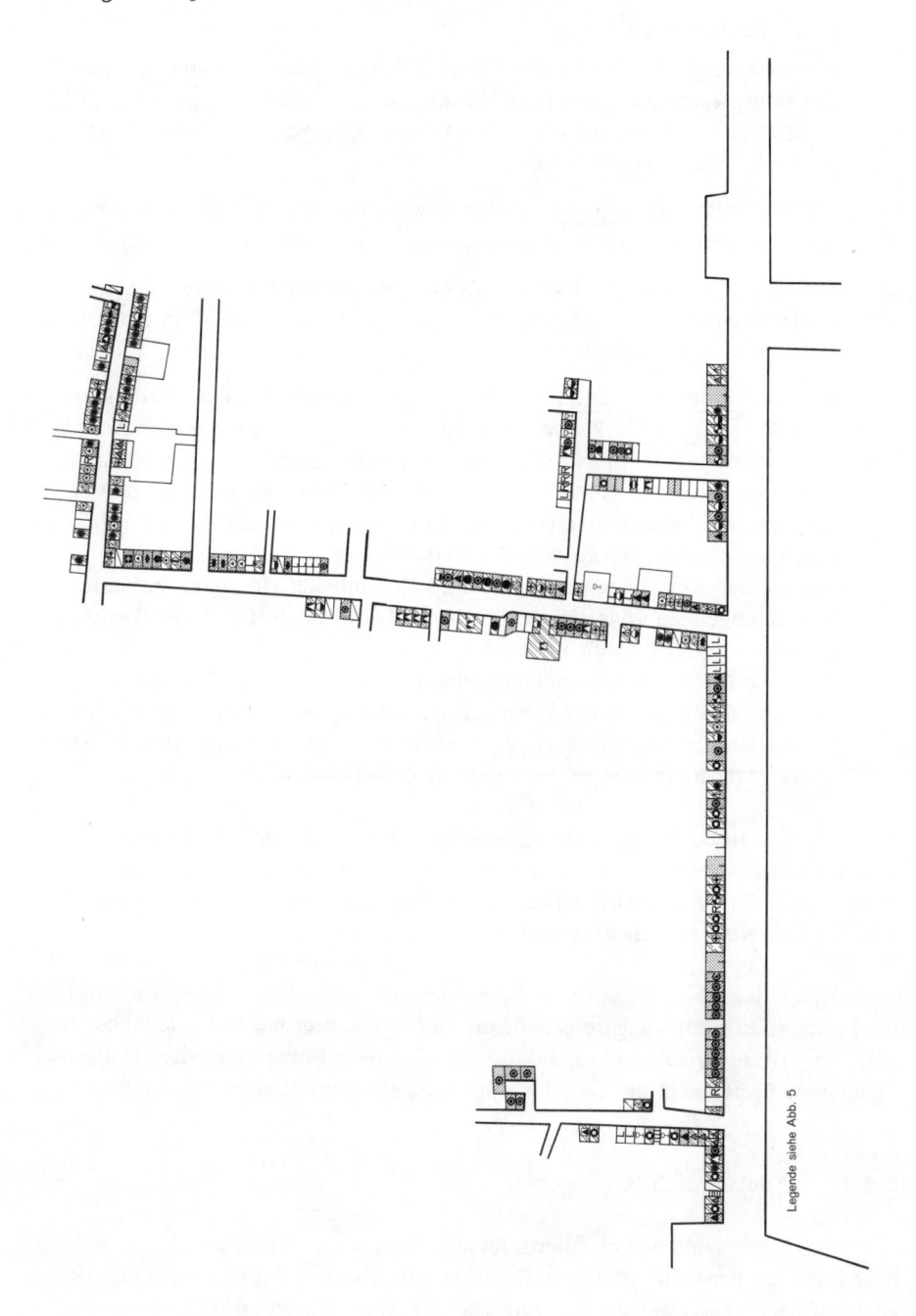

Legende siehe Abb. 5

a) der Großhandel, der Waren importiert oder vom Hersteller bezieht (sing. tajer, pl. tojjar);

b) ein nachgeordneter Großhandel, der selbst bei einem Großhändler einkauft und seine Waren an lokale Einzelhändler absetzt. Dieser Händler, von FLOOR (1976: 101 f.) für das qajarische Persien als "bonakdar" bezeichnet, ist heute ebenfalls als "tajer" bekannt;

c) Einzelhändler ("forushandeh"), die ihre Waren auch in kleinen Mengen an die Verbraucher (worunter auch Weiterverarbeiter zu verstehen sind) abgeben;

d) "Pilehwaran", Krämer, die ihre Waren vom handwerklichen Produzenten (in anderen Fällen auch Einzelhändler) beziehen und vorwiegend an einen ländlichen Konsumentenkreis absetzen;

e) Makler ("waseteh", "dallal"), die Bezug und Absatz in vielen Fällen vermitteln. Diesen dallalha kommt im persischen Wirtschaftssystem eine besondere, nicht immer eindeutige Stellung zu. Zum einen dienen sie, die oftmals auf bestimmte Produkte spezialisiert sind und den Markt gut kennen, als Vermittler zwischen Anbieter und Nachfrage: sie suchen entweder einen Kunden oder einen Lieferanten, vermitteln den Vertragsabschluß und erhalten dafür einen bestimmten Anteil des Warenwertes als Kommission. In dieser Maklerfunktion gelangen sie weder in den Besitz der Ware, noch liegen die Zahlungen hierfür in ihrem Verantwortungsbereich.
In vielen Fällen können auch dallalha die Rolle von Zwischenhändlern annehmen. Sie liefern und kaufen auf und machen vor allem durch Kreditgeschäfte weit höhere Gewinne, als sie eine reine Maklertätigkeit einbringen würde (vgl. a. FLOOR 1975: 114; 1976: 117-119).

Diese Glieder verbinden nicht nur Rohstoffproduzenten mit den Konsumenten, sondern auch den modernen industriellen Wirtschaftssektor (zumindest soweit er Rohmaterial und Zwischenprodukte liefert) mit dem "marginalen", traditionellen, zu dem das Handwerk gerechnet werden mag.

Unter den oben angegebenen Gesichtspunkten werden in diesem Kapitel sowohl Handwerkszweige angesprochen, die Gebrauchsgüter herstellen (Schuhe, Möbel, Kupferwaren), als auch solche mit kunsthandwerklicher Produktion (Intarsien, Teppiche). Dabei steht der Gesichtspunkt der Dokumentation im Vordergrund.

2.2.1 Schuhmacher

Die handwerkliche Schuhherstellung besitzt in Iran Tradition (9). Allerdings haben sich die Produkte infolge wachsenden europäischen Einflusses und den sich auch auf Kleidungsgewohnheiten erstreckenden Modernisierungskampagnen in den

30er Jahren gewandelt: die traditionellen Formen, die stark an die heute noch gebräuchlichen Hausschuhe erinnern, werden ersetzt durch Schuhe nach Art der modernen europäischen Modelle, wobei oft großer Wert auf modisches "styling" gelegt wird. Neben industrieller Schuhfertigung vor allem in Tehran (vgl. KORBY 1977: 99) werden Lederschuhe (kafsh) auch heute noch in Handwerksbetrieben hergestellt. Vor allem Schichten mit geringeren Einkommen greifen demgegenüber auf billige Plastikschuhe industrieller Produktion zurück. Vor allem auf dem Lande immer noch anzutreffen, wenn auch mehr und mehr außer Gebrauch kommend, sind außerdem "Stoffschuhe" (giweh), deren Oberteil von Frauen aus Baumwolle oder Seide, deren Sohle in speziellen Werkstätten aus altem Stoff hergestellt wird (10). Der Preis eines hochwertigen giweh-Paares beträgt heute bis zum Fünffachen des Preises gewöhnlicher Lederschuhe.

Wie Tabelle 6 zeigt, nimmt die Schuhherstellung auf dem Gebiet der Lederverarbeitung und -vermarktung einen bedeutenden Platz ein: Der überwiegende Teil dieser Betriebe ist direkt oder indirekt mit der Produktion, dem Verkauf oder der Reparatur von Lederschuhen befaßt. Hinzu kommen lediglich Werkstätten, die Taschen, Koffer und Gürtel produzieren.

Die in der Tabelle aufgeführten "offiziellen" Zahlen der Schuhmacherbetriebe sind mit großer Sicherheit zu gering. Viele Schuster arbeiten "schwarz", ohne Registrierung, in ihren Häusern, und die Werkstatt ist auch im Straßenbild nicht zu erfassen. Gründe für dieses Verhalten sind zum einen die recht hohen Steuer- und Versicherungssummen sowie die Furcht vor einer Kontrolle durch die otaq-e-asnaf. Zum anderen trägt die Praxis des sarqofli ("Schlüsselgeld", Abfindungssumme), welches bei Neueinzug oder Übernahme eines Ladenlokals an den Eigentümer oder Vormieter zu zahlen ist und im Gegensatz zur sehr geringen Miete erhebliche Beträge ausmachen kann (11), dazu bei, daß manche Werkstattbesitzer ihre Werkstatt in ihr Wohnhaus verlagern und ihr Ladenlokal im Bazar gegen Zahlung des sarqofli an einen Nachmieter übergeben. Zusätzlich wandeln viele Schuhmacher ihre Werkstatt in reine Verkaufsstellen um und geben die Herstellung zugunsten des Vertriebs auf, wohl mit eine Folge steigender industrieller Produktion und des Rückzugs mancher Betriebe aus dem Bazar. Die Schuhmacher verkaufen ihre Erzeugnisse in der Regel in ihren Werkstätten, soweit die Lage des Betriebes dieses erlaubt.

Abbildung 8 zeigt, daß sich die statistisch erfaßten Schuhmacherbetriebe zwar in vielen Teilen der Stadt finden, ihre höchste Konzentration aber im Bazarviertel, der Sepah-, Sur-Esrafil- und Shah Straße erreichen. Hier besitzen bezeichnenderweise auch die meisten Groß- und Einzelhändler ihre Ladenlokale. Die Reparaturbetriebe zeigen demgegenüber keine Konzentration. Entsprechend der Nachfrage verteilen sie sich auf die dicht bevölkerten Stadtteile. Am Stadtrand oder außerhalb der Stadt liegen die Gerbereien, deren Betrieb im Bazar oder dichtbesiedelten Wohngebieten zu unerträglichen Geruchsbelästigungen der Anlieger führen würde.

Tabelle 6: Betriebe der Lederverarbeitung und -vermarktung in Esfahan 1975 nach Zahl der Beschäftigten

	Zahl der Betriebe mit Beschäftigten														Gesamtzahl der Betriebe	Beschäftigten
	1	2	3	4	5	6	7	8	9	10	11	14	23	33		
Gerberei	5	4	1	2	-	1	-	-	-	-	-	1	-	-	14	44
Lederhandel	5	9	1	1	-	-	-	-	-	-	-	-	-	-	16	30
Absatzmacher	8	3	2	-	-	-	-	-	-	-	-	-	-	-	13	20
Oberledermacher	17	16	12	11	8	-	3	4	-	-	-	-	-	-	71	222
Schuster	130	199	84	42	36	26	15	-	-	12	2	-	1	1	548	1587
Schuhhändler	106	80	24	2	3	-	-	1	-	-	-	-	-	-	216	369
Flickschuster	295	35	12	3	1	-	-	-	-	-	-	-	-	-	346	418
Taschen- und Koffermacher	9	15	3	3	-	4	-	-	-	-	-	-	-	-	34	84
Schuhzubehör	9	3	-	-	-	-	-	-	-	-	-	-	-	-	12	15

Quelle: SCI: Zählung der Betriebe des Landes, H. 719 b, Tehran 1975.

Abbildung 8: Verteilung von Betrieben der Schuhherstellung in Esfahan

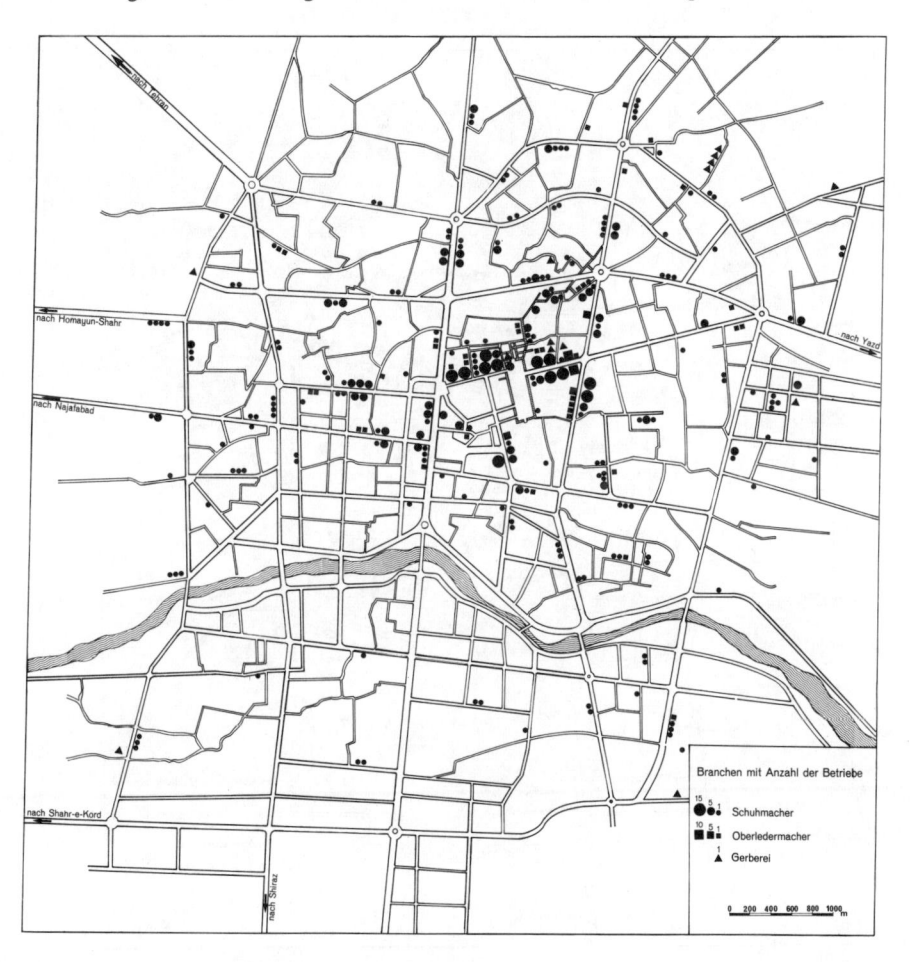

Anzufügen ist, daß einzelne Esfahaner Schuhmacher ihre Werkstatt in das städtische Umland ausgelagert haben und in der Stadt lediglich eine Verkaufsstelle unterhalten. Da in den Dörfern Lohnkosten und Mieten weit geringer sind als in Esfahan, kann dort trotz des notwendig werdenden Transports billiger produziert werden.

Zur Schuhherstellung sind neben Leder weitere Materialien, so Kunststoff, Pappe, Leinen, Klebstoffe usw. erforderlich. Diese werden z.T. in Iran hergestellt, z.T. aber auch aus dem Ausland importiert.

Abbildung 9: Verteilung von Schuhgeschäften und Reparaturbetrieben in Esfahan

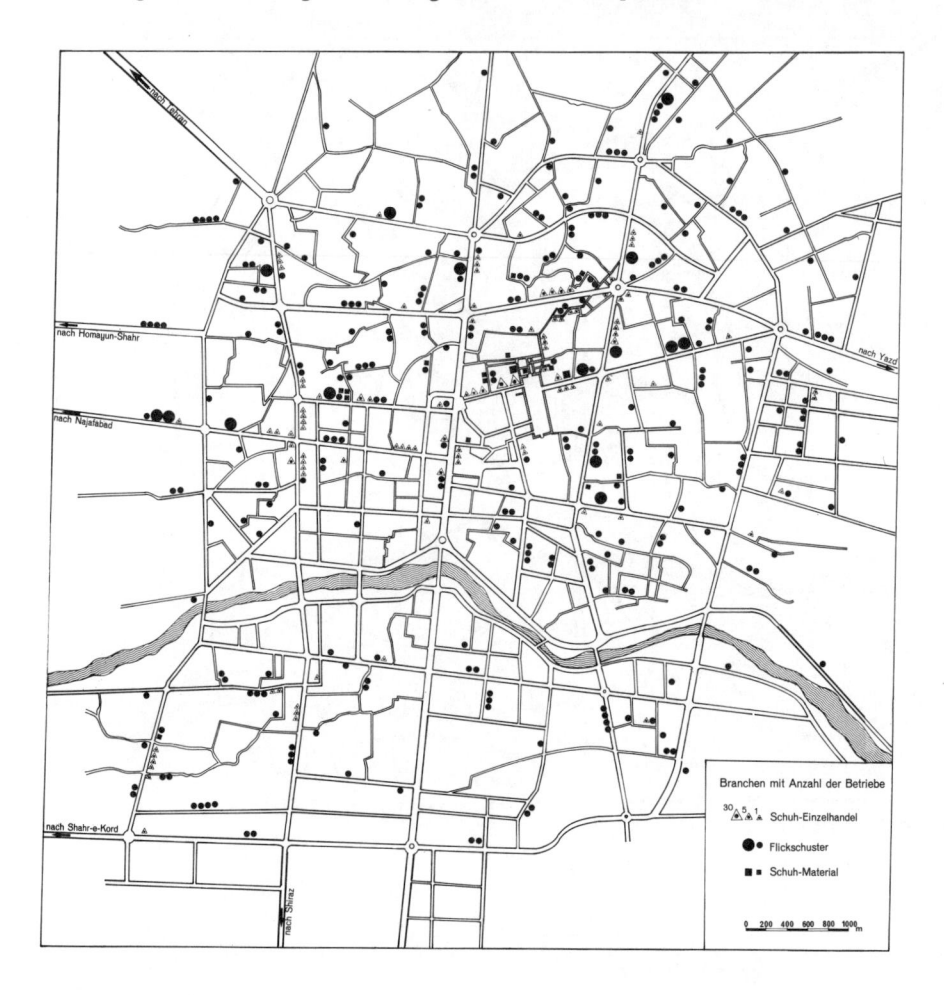

Leder dient zur Herstellung von Oberleder, Schuhsohlen und teilweise Futter. Es stammt von Büffeln, Rindern, Schafen oder Pferden. Es wird in verschiedenen Qualitäten verwendet; bei iranischem Leder unterscheidet man insgesamt fünf Güteklassen. Das für das Oberleder des Schuhs verwendete Material ist in der Regel gefärbt (12). Für die Brandsohle wird im allgemeinen Kalbsleder, für die Laufsohle Croupon (Rückenleder vom Rind) verwendet. Zum Füttern des Schuhs wird Kalbs- und Schafsleder genommen.

In immer stärkerem Maße wird bei der Schuhherstellung das Sohlenleder ersetzt durch Kunststoffsohlen. Diese werden industriell in Tehran, Tabriz und Rasht hergestellt. Daneben finden Kunststoffe als Futter des Oberleders Verwendung.

Weitere bei der Schuhherstellung benötigte Materialien sind Pappe, Leinen, Nägel, Garn, Klebe- und Poliermittel. Die für 'Schuhrahmen', d.h. zwischen Oberleder und Futter, und Absätze verwendete Pappe stammt in der Regel aus Iran. Qualitativ bessere Pappen werden jedoch aus dem Ausland eingeführt (13). Leinen, das als Futtermaterial verarbeitet wird, und die weiteren aufgeführten Produkte stammen aus Iran.

Das importierte wie auch das im Inland erzeugte Leder und der weitere Schustereibedarf wird von tojjaran, die in Tehran, aber auch in Esfahan ihren Sitz haben, eingeführt bzw. vom Hersteller bezogen. Die Großhändler, die auf den Vertrieb von Leder und Schustereibedarf spezialisiert sind, geben ihre Waren an den ebenfalls spezialisierten Einzelhandel ab. Dieser bezieht das Leder auf dreifachem Weg:

a)   direkt vom Tehraner Großhandel, unter Umgehung Esfahaner Großhändler;

b)   vom Esfahaner Großhandel, der sich neben Import und Kauf beim Produzenten auch beim Tehraner Großhandel eindeckt. Einige dieser Großhändler beziehen ihre Waren ausschließlich vom Tehraner Großhandel;

c)   z.T. auch direkt von iranischen Lederfabriken.

Bei diesem Einzelhandel versorgen sich die Schuhmacher und die weiteren lederverarbeitenden Betriebe vor allem aus Esfahan, in geringem Umfang auch aus einigen nahen Kleinstädten (Abb. 10).

Am volumenmäßig bedeutsamsten ist der Produktenbezug über den "längsten Weg", also Hersteller - Tehraner Großhandel - Esfahaner Großhandel - Esfahaner Einzelhandel - Schuhmacher. Prinzipiell besäße zwar auch der Schuster die Möglichkeit, beim Großhandel zu günstigen Konditionen einzukaufen und so die Handelsspanne des Einzelhändlers zu sparen; da der Großhandel aber nur große Mengen abgibt, den Schuhmachern aber hierzu in der Regel das Kapital und u.U. auch die Lagermöglichkeit fehlt, sind sie auf den Einzelhändler angewiesen. Dieser erhält durch seinen regelmäßigen Einkauf bei einem Großhändler oft günstige Konditionen, vor allem einen Zahlungsaufschub von 1, 2 oder 3 Monaten. Ähnliche Kredite, aber meist mit kürzerer Laufzeit, werden festen Kunden auch von den Einzelhändlern gewährt, die kürzere Laufzeit deswegen, weil sie ihren eigenen Kredit ja in der festgesetzten Frist zurückzahlen müssen (14).

In Esfahan ist die Schuhherstellung auf Handwerksbetriebe beschränkt. Ihr Mechanisierungsgrad ist gering. Außer Nähmaschinen werden nur die traditionellen Werkzeuge verwendet, so daß jeder Betriebsinhaber im Besitz seiner Produktionsmittel ist. Indes erhöht der geringe Mechanisierungsgrad den in das Produkt zu investierenden Arbeitsaufwand im Vergleich zu industriell produzierten Schuhen er-

Abbildung 10: Rohstoffbezug und Absatz der Fertigprodukte der Schuhmacher in Esfahan

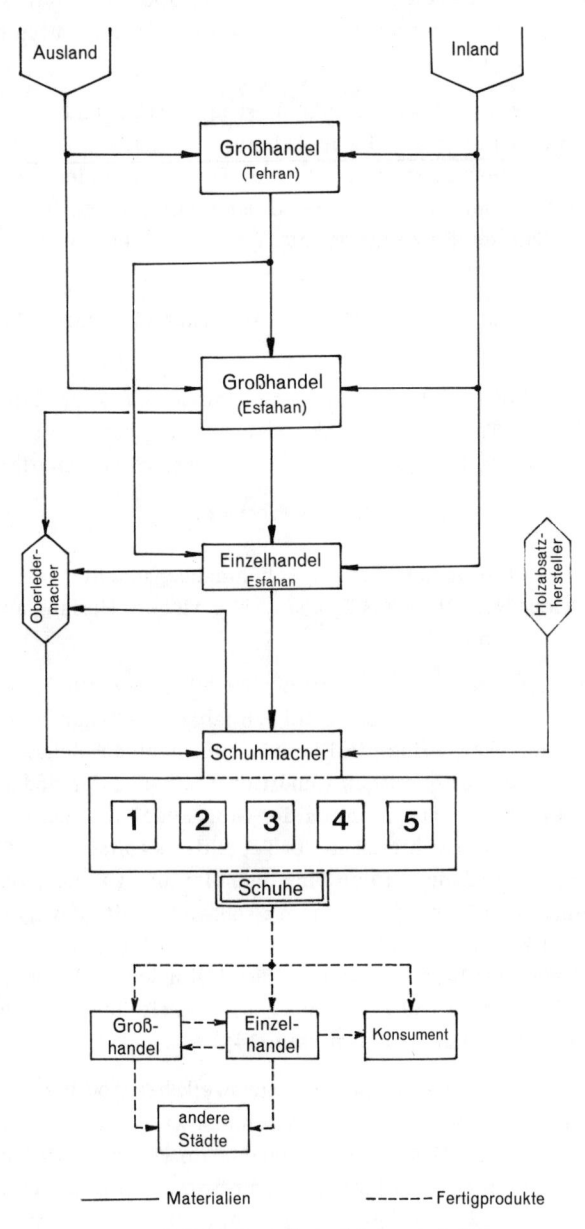

——— Materialien   ------ Fertigprodukte

1–5 Arbeitsschritte im Schuhmacherbetrieb

heblich und hält so bei geringer Produktionskapazität den Preis der Waren in ziemlicher Höhe.

In vielen Städten Persiens haben sich manche Schuhmacherbetriebe auf eine bestimmte Schuhart spezialisiert. Eine solche Praxis ist unter Esfahaner Schustern nicht anzutreffen, so daß die einzelnen Betriebe eine ganze Palette von Produkten herstellen, deren Fabrikationsweise aber im groben ähnlich ist.

Die Schuhanfertigung erfolgt in verschiedenen Schritten, die arbeitsteilig durchgeführt werden können. Neben innerbetrieblicher Arbeitsteilung in größeren Werkstätten wird ein Produktionsschritt, die Herstellung des Oberleders, aus dem eigentlichen Schuhmacherbetrieb ausgelagert und in spezialisierten Werkstätten durchgeführt. Hier wird das Oberleder meist nach vorgegebenem Modell zugeschnitten, die Stärke des Leders an den Rändern durch Schaben verringert. Auf die spätere Innenseite wird ein zugeschnittenes Futter geklebt und die Ränder vernäht. Die Qualität und Eleganz des Schuhs hängt in großem Maße von zusätzlichen Arbeiten wie dem Einstanzen von Perforationsmustern oder dem Anbringen von Ziernähten ab, die ebenfalls in den Aufgabenbereich der Oberlederhersteller fallen.

Dieses vorgefertigte Oberleder wird dann im Schuhmacherbetrieb weiter verarbeitet. Im einzelnen sind folgende Schritte zu unterscheiden:

1. Sohle und Brandsohle werden nach einem Muster zugeschnitten.
2. Die Brandsohle wird unter den Leisten aus Holz oder Kunststoff genagelt.
3. Das Oberleder wird über den Leisten gespannt und gründlich mit Nägeln befestigt.
4. Um dem Leder die gewünschte Form auf Dauer zu geben, wird der Leisten mit dem Leder in die Sonne oder an einen warmem Platz gelegt.
5. Oberleder und Brandsohle werden zusammengenäht, die Nägel entfernt.
6. Die Ledersohle wird angefeuchtet, um sie geschmeidig zu machen, dann unter die Brandsohle geklebt und anschließend in der Sonne getrocknet.
7. Der Leisten wird entfernt, dann Oberleder, Brand- und Laufsohle zusammengenäht.
8. Der aus Leder und Pappe oder - bei Frauenschuhen - in Spezialbetrieben aus Holz verfertigte Absatz wird an die Sohle geklebt und genagelt.
9. Durch Polieren u. ä. wird der Schuh für den Verkauf vorbereitet.

Werden, was heute zunehmend der Fall ist, Kunststoffsohlen verarbeitet, reduziert sich der Arbeitsaufwand für den Schuhmacher erheblich: die Laufsohle muß nicht mehr zugeschnitten werden, das Trocknen der feuchten Sohlen entfällt, auch der Absatz muß nicht in einem zusätzlichen Arbeitsschritt angebracht werden. Daher ist es den Schuhmachern möglich, die Produktion zu steigern und so das Einzelprodukt zu verbilligen.

In Esfahan wurden durch die Betriebszählung 1975 548 Schuhmacherbetriebe erfaßt (vgl. Tab. 6). 60% hiervon waren Kleinstbetriebe, in denen der Inhaber allein oder mit einem Angestellten arbeitete. Daneben existierten aber auch einige Großbetriebe mit bis zu 33 Beschäftigten. In Werkstätten, die über genügend Arbeitskräfte verfügen, ist es üblich, daß sich die Handwerker auf bestimmte Arbeitsgänge spezialisieren und so u. U. ein hohes Maß innerbetrieblicher Arbeitsteilung erreicht wird. Dies hat eine Arbeitsbeschleunigung und damit eine Erhöhung der Produktion zur Folge.

Die Zulieferbetriebe, also vor allem die Oberledermacher, daneben auch die Holzabsatzfabrikanten, sind weitaus geringer an Zahl. 13 Kleinstbetriebe mit insgesamt nur 20 Beschäftigten produzieren den Bedarf an Holzabsätzen für die 45-fache Anzahl von Schustereien. Auf eine Oberledermacherwerkstatt kommen dagegen nur 8 Schuhmacherbetriebe. Auch die Oberledermacher sind weitgehend Kleinbetriebe, nur 21% besitzen 5 und mehr (bis zu 8) Beschäftigte.

Während die Holzabsatzfabrikanten selbständig produzieren und die Schuhmacher ihren Bedarf an Absätzen durch Kauf decken (z. T. auch Bestellungen für Sonderanfertigungen aufgeben), findet sich ähnliches im Falle der Oberlederherstellung nur relativ selten (15).

Die Regel ist, daß die Oberledermacher im Auftrag der Schuster tätig werden. Sie erhalten Material und Muster von den Schuhmachern, an die sie dann das fertige Oberleder abliefern. Für die Arbeit bekommen sie einen festen Geldbetrag, nicht etwa einen Gewinnanteil nach dem Verkauf des fertigen Schuhs.
Auch hier kann bei großen Beträgen die Zahlung nach Vereinbarung mit bis zu 91 Tagen Verzug erfolgen. Zum Teil wird auch alle sieben Tage die Produktion der vergangenen Woche bezahlt.

Der überwiegende Teil der Schuhmacher produziert auf eigene Rechnung. Ein gewisser Teil, der mangels Kapital und wegen Absatzschwierigkeit nicht in der Lage ist, sich selbständig mit Rohmaterial zu versorgen, arbeitet dagegen für Schuh-Einzelhändler. Von diesen erhalten die Schuster Material, an sie liefern sie die fertigen Produkte ab. Die Schuhmacher erhalten dafür einen Stücklohn.

Soweit die Schuster ihre Erzeugnisse selbst verkaufen, kann das Produkt verschiedene Wege zum Verbraucher nehmen:

a) vom Schuhmacher direkt zum Endverbraucher;
b) vom Schuhmacher über einen Esfahaner Einzelhändler zum Endverbraucher;
c) vom Schuster an einen Esfahaner Großhändler, von dort über einen Einzelhändler zum Endverbraucher;
d) vom Schuster über einen Einzelhändler an einen Esfahaner Großhändler, von dort an Großhändler anderer iranischer Städte;
e) oder vom Schuhmacher direkt an einen Esfahaner Großhändler, der die Schuhe an Großhändler anderer Orte verkauft.

Der Schuhmacher verkauft also entweder direkt an den Konsumenten, an einen Einzel- oder an einen Großhändler.

Der Direktverkauf an den Verbraucher wirft für den Produzenten den größten Gewinn ab. Vor allem die im Stadtzentrum angesiedelten Betriebe sind daher auf den Verkauf eingerichtet; die Herstellung erfolgt nur in einem Teil des Geschäfts, der Betriebsinhaber kümmert sich neben seiner handwerklichen Tätigkeit auch um den Absatz der Schuhe.

Zusätzlich übernehmen manche dieser Betriebe auch Maßanfertigungen auf Bestellung für private Kunden. Einige Betriebe sind sogar hierauf spezialisiert. Diese individuell hergestellten Modelle sind erheblich teurer als die serienmäßig fabrizierten, und der Kunde hat bei Aufgabe der Bestellung eine Anzahlung zu leisten.

Schuster, die in abgelegeneren, nur von wenigen Passanten besuchten Straßen oder gar nach außen unsichtbar in ihrer Wohnung arbeiten, haben kaum die Möglichkeit, den Endverbraucher direkt zu erreichen. Sie müssen daher ihre Erzeugnisse über Einzel- oder Großhändler vermarkten.

Die Einzelhändler, oft ehemalige Schuhmacher, die aufgrund geschäftlicher Schwierigkeiten die Herstellung aufgegeben haben und über große Fachkenntnisse verfügen, kaufen z. T. Produkte auf, die die Schuhmacher ihnen anbieten. Oft geben sie aber auch Bestellungen auf. In diesem Fall werden meist Serien von je 10 Paar Schuhen eines Modells verschiedener Größe hergestellt (16). In der Regel beziehen die Einzelhändler ihre Ware von mehreren festen Stammlieferanten. Die Schuster wiederum arbeiten nebeneinander für mehrere Händler. Diese Schuhhändler beziehen ihre Waren nicht nur von den Schustern, sondern auch vom Großhandel in Esfahan und aus anderen Städten wie Tehran und Tabriz.

Das Geschäft zwischen Schuhmacher und Schuh-Großhändler läuft in der Regel auf der Basis von Aufträgen ab. Hierbei wird ein bestimmtes Modell in großen Stückzahlen in mehreren Werkstätten gleichzeitig bestellt, die regelmäßig für den Großhändler arbeiten. In vielen Fällen ist ein Großhändler dann der einzige Abnehmer des Schuhmachers. Der Schuhmacher erhält einen Stückpreis. In manchen Fällen zahlt der Großhändler nur 50% des Preises in Bargeld. Der Gegenwert der verbleibenden 50% wird in Rohstoffen gezahlt, die der Schuh-Großhändler vom Tehraner Leder-Großhandel bezieht und dem Schuhmacher zu einem Preis, der etwas über dem normalen Großhandelspreis liegt, in Rechnung stellt. Zusätzlich beziehen Großhändler Schuhe von Einzelhändlern und von Großhändlern anderer Städte, vor allem Tehran und Tabriz. Einzel- wie Großhandel setzt einen beträchtlichen Teil der Esfahaner Schuhproduktion an Händler anderer Städte Irans ab, z. B. Shiraz, Yazd, Ahwaz und an die Städte der Provinz Kerman, wo die eigene Produktion anscheinend den Bedarf nicht annähernd deckt.

Wie beim Rohstoffbezug ist bei der Vermarktung des Fertigprodukts Kreditgewährung üblich. Auch Privatkunden, nicht nur Einzel- und Großhändler, können in den Genuß des Zahlungsaufschubs gelangen! Allerdings muß dem Schuhmacher ein Teil des Preises als Anzahlung beim Kauf ausgezahlt werden.

Die Preise, die der Endverbraucher zu zahlen hat, werden weitgehend durch die Gewinnspannen der verschiedenen in die Vermarktung von Rohmaterial und Fertigprodukt eingeschalteten Händler bestimmt.

Die Gewinne, die die Produzenten des Rohmaterials machen, und die Preisaufschläge der Großhändler lassen sich aus den vorliegenden Daten nicht berechnen. Die Einzelhändler schlagen auf die Großhändlerpreise bis zu 40% auf, einen Betrag, den sie allerdings nicht voll als Gewinn buchen können, da ihnen ja auch Betriebskosten entstehen.

So entstehen den Schuhmachern die folgenden Materialkosten pro Paar Schuh:

Tabelle 7: Materialkosten pro Paar Schuhe
(Preise in Rial)

	Kauf beim Großhandel (Rial)	Einzelhandel (Rial)	prozentualer Unterschied (%)
Sohle	60-120	100-200	66,7
Brandsohle	50-100	70-130	40,0 / 30,0
Oberleder	200-250	240-350	20,0 / 40,0
Futter	180	220	22,2
Hilfsmaterial	35- 70	50-100	42,9
Insgesamt	525-720	680-1.000	29,5 / 38,9

Quelle: eigene Erhebung 1977

Zu den reinen Materialkosten kommen die Beträge, die an die Oberledermacher für deren Arbeitsaufwand zu zahlen sind: pro Paar Schuh zwischen 100 und 350 Rial (17). Bei guter Arbeitsorganisation, d.h. bei einer gewissen Arbeitsteilung, können pro Beschäftigten ca. 50 Paar Oberleder am Tag hergestellt werden, so daß einem Betrieb pro Mann und Tag vielleicht 10.000 Rial zufließen.

Als Arbeitslohn des Schusters wird für ein Paar Männerschuhe mit Ledersohle in der Regel 250 bis 350 Rial berechnet. Die Preise für Frauenschuhe, Stiefel oder Schuhe mit Kunststoffsohle weichen hiervon z.T. erheblich ab. Diese Spannbreite und die unterschiedlichen Arbeitszeiten machen Angaben über eine mittlere Tagesproduktion und den zu erzielenden Gewinn fast unmöglich. Der Verdienst des Schusters dürfte aber in der Regel unter dem eines Oberledermachers liegen.

Verkauft der Schuhmacher an Einzelhändler, hat er ein 10 - 20% geringeres Entgelt in Kauf zu nehmen. Auf den Gesamtpreis des Schuhs schlägt der Einzelhändler 10 - 25% auf (also insgesamt 20 - 45%), 10 - 20% der Großhändler zuzüglich Transport- und Verpackungskosten, die geringeren Prozentsätze wohl, wenn das Produkt durch mehrere Hände geht.

Händler, die Schuhmacher gegen Lohn für sich arbeiten lassen und das Material stellen, haben einen noch höheren Gewinnanteil, soweit sie das Material vom Großhändler beziehen, da die Gewinnspanne des Rohstoffeinzelhändlers in ihre Tasche fließt.
Außerdem liegen die Lohnkosten unter dem Arbeitsentgelt, das der Händler einem selbständigen Schuster zu zahlen hätte. So scheint diese Praxis für die Händler am vorteilhaftesten zu sein. Ohne mit eigenen Investitionen für Werkstatt und Ausrüstung in die Produktion einzusteigen, kann er diese weitgehend seinem Bedarf anpassen und die Kosten für das Endprodukt vergleichsweise niedrig halten. Die Handwerker auf der anderen Seite scheuen die für sie auch finanziell unvorteilhafte Abhängigkeit, wenn sie nicht durch besondere Umstände dazu gezwungen werden, so daß diese Praxis eine relativ geringe Verbreitung besitzt.

2.2.2 Möbelschreiner

Nach der Betriebszählung 1975 befaßten sich in der Stadt Esfahan 1.086 Betriebe mit fast 2.400 Beschäftigten mit der Verarbeitung von Holz und dem Absatz der Produkte (vgl. Tab. 8). Die umfangmäßig an erster Stelle stehenden Tischlereien stellen Türen, Fenster, Leitern, traditionelle Bettgestelle u.ä. her und sind auf ein städtisches wie ländliches Publikum ausgerichtet. Ein Vergleich der Werkstatt- und Beschäftigtenzahlen belegt, daß es sich bei diesen Betrieben meist um Kleinstbetriebe mit keinem oder nur sehr wenigen abhängig Beschäftigten handelt. Demgegenüber stellen die Möbelproduzenten Polstermöbel, Tische u.ä. her, Erzeugnisse, die weitgehend für städtische Konsumenten mit gehobenen Ansprüchen bestimmt sind und deren Verwendung auf europäischen Einfluß zurückgeht (18). Die hohen Kosten von Sesseln, Sofas u.ä. tragen auch heute noch dazu bei, daß sie als ausgesprochene Luxusartikel angesehen werden und der überwiegende Teil der Landbevölkerung und der unteren sozialen Schichten in den Städten weiterhin Kissen, Teppiche, Gelims oder Matten als Sitzunterlage verwenden (19).

Im folgenden wird lediglich die Möbelfabrikation und -vermarktung angesprochen. Die weiteren in der Tabelle 8 angeführten holzverarbeitenden Handwerkszweige sollen nicht berücksichtigt werden.

Abbildung 11 zeigt die Standortverteilung der in der Möbelherstellung beteiligten Betriebe. Es wird sichtbar, daß sie über die gesamte Stadt verteilt sind. Bevorzugte Standorte bilden die modernen Geschäftsstraßen im Stadtzentrum, die

Tabelle 8: Anzahl der Betriebe der Möbelherstellung in Esfahan 1975 nach Zahl der Beschäftigten

	Zahl der Betriebe mit Beschäftigten												Zahl der
	1	2	3	4	5	6	7	8	9	10	11	12 ge-samt	Beschäftig-ten gesamt
Möbel-schreinerei	48	76	60	21	12	7	-	7	-	1	-	1 233	644
Möbel-lackiererei	1	7	5	2	-	1	-	-	-	-	1	- 17	55
Polsterei	4	5	6	6	-	-	-	-	-	-	-	- 21	56
Möbelhändler	20	25	8	5	1	-	-	-	-	-	-	- 59	119
Schnitzereien	4	3	2	1	1	-	-	-	-	-	-	- 11	25
Drechslereien	33	14	2	2	-	1	1	-	-	-	-	- 53	88
Weitere holzverarbeitende Betriebe:													
Tischlerei												478	874
Holzkastenbauer												101	241
Sägebetriebe												55	164
Bilderrahmenhersteller												31	68
Möbelreparatur												27	32

Quelle: SCI: Zählung der Betriebe des Landes. H. 719 b. Tehran 1975.

Abbildung 11:   Verbreitung der Möbelherstellung in Esfahan

Chahar-Bagh- und die Shah-'Abbas-Straße. Allerdings handelt es sich bei einem
Teil der hier gelegenen Betriebe lediglich um Läden. Die dazugehörigen Schreinereien befinden sich in anderen, weniger zentral gelegenen Straßen. In der Abbildung 11 werden Laden und Werkstatt in diesen Fällen getrennt, also als zwei Betriebe aufgeführt. Der Bazar spielt als Standort so gut wie keine Rolle. Diese Verteilung ist wohl Folge verschiedener Faktoren:

a)   die Betriebe stellen moderne, nicht traditionelle Konsumgüter her. Daher lag
    wohl von vornherein eine Ansiedlung außerhalb des Bazars nahe; zudem

b) handelt es sich um Betriebe, die aufgrund eines relativ hohen Mechanisierungsgrades und der sperrigen Produkte einen gewissen Platzbedarf aufweisen, der im Bazar oft nur schwer befriedigt werden konnte;

c) es handelt sich um einen Luxusartikel, daher die Konzentration in den modernen Hauptgeschäftsstraßen (Chahar Bagh).

Die Zulieferbetriebe der Möbelhersteller, die ausgelagerte Produktionsschritte ausführen (20), sind ebenfalls über das gesamte Stadtgebiet verteilt, meiden allerdings die Hauptgeschäftsstraßen.

Bei der Möbelherstellung werden Holz, Stoffe, Beschläge u. ä. verarbeitet. Verwendet werden verschiedene Holzarten: nur für sehr teure Möbel kommt heute Massivholz von Arekanuß, Brustbeere, Teak oder auch Ebenhölzer in Betracht, Holzarten, die früher häufiger verarbeitet wurden, aufgrund ihres Preises heute vor allem aber als Furnierhölzer gefragt sind. Erlen- und Walnußholz werden heute meist als Edelholzersatz benutzt. Billige Holzarten wie Platanen-, Ahorn- und Buchenholz werden verarbeitet, wenn die Holzoberfläche nicht sichtbar sein, z. B. mit Farblack oder Stoff bezogen werden soll. Auch dienen sie als Basis für Edelholzfurniere.

Die Hölzer stammen zum überwiegenden Teil aus den Wäldern der Elburz-Nordflanke. Hier existieren eine Reihe von Sägewerken (vgl. a. KORBY 1970: 106-109), von denen Tehraner Großhändler beliefert werden. Diese importieren zusätzlich auswärtige Edelhölzer. Der Esfahaner Holzgroßhandel bezieht seinen Bedarf wohl zum überwiegenden Teil von diesen Tehraner Stellen, teils direkt, teils durch die Vermittlung eines Maklers (dallal). Verschiedentlich wird der Esfahaner Großhandel aber auch direkt durch die Sägewerke beliefert.

Der Esfahaner Großhandel gibt sein Holz an Einzelhändler ab, die sich allerdings teilweise auch mittels eines dallal direkt von Tehran aus beliefern lassen. Die Möbelschreiner (233 Betriebe) beziehen ihr Material fast ausschließlich vom Holz-Einzelhandel. Der Einkauf beim Esfahaner Großhändler kommt zwar vor, ist aber selten, da die Betriebe in der Regel nicht über den Platz verfügen, um Holz in größerem Umfang zu lagern. Die Abnahme entsprechend großer Mengen ist aber beim Einkauf im Großhandel Voraussetzung (Abb. 12).

Bei dem aus Tehran oder von den Sägewerken gelieferten Holz handelt es sich um grobe Bretter oder Bohlen, die vor der weiteren Verarbeitung zugeschnitten und u. U. furniert werden müssen. Diese "Aufbereitung" (21) kann sowohl im Auftrag des Esfahaner Groß- oder Einzelhandels wie auch des Möbelschreiners erfolgen.

Wie unten weiter ausgeführt wird, bezieht ein Teil der Möbelschreiner Halbfertigprodukte aus Möbelfabriken in Qom. Diese Fabriken kaufen ihr Material teils direkt, teils über einen dallal bei Tehraner Großhändlern (Abb. 12).

Abbildung 12: Rohstoffbezug und Absatz der Fertigprodukte der Möbelherstellung in Esfahan

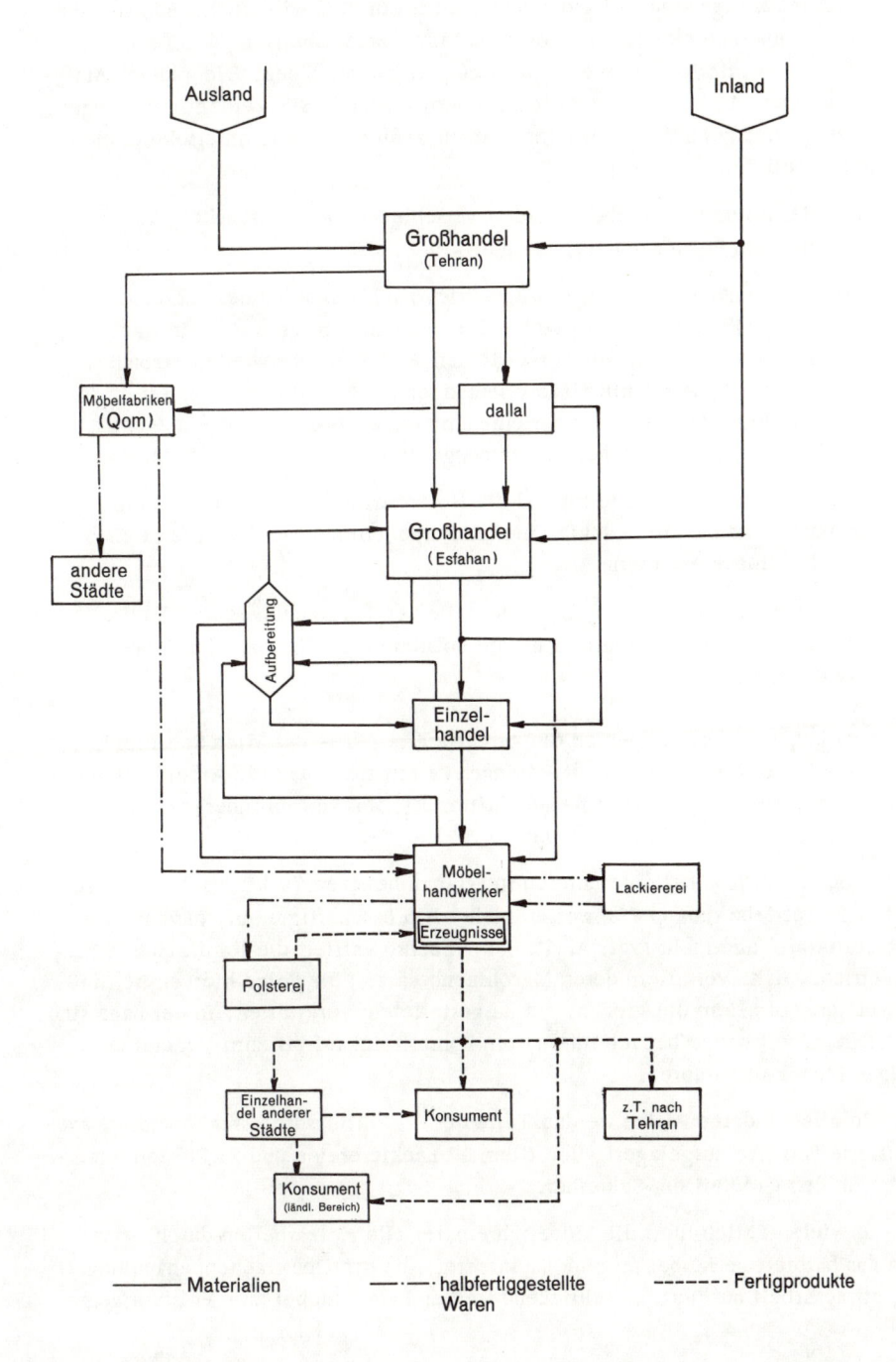

Außer Holz werden Stoffe, Polsterfedern, Scharniere, Schnallen u. ä. benötigt. Die Stoffe, teils uni, teils mit geometrischem, floralem oder auch figürlichem Muster werden weitgehend in Kashan hergestellt; ein Teil wird auch importiert. Den Vertrieb übernehmen einige Groß- und Einzelhandelsbetriebe der Textilbranche, die diese Stoffarten in ihr Sortiment aufgenommen haben. Die anderen Materialien stammen nur in seltenen Fällen aus dem Ausland. Sie werden in der Regel von Händlern mit gemischtem Warensortiment geführt, die die unterschiedlichste Kundschaft beliefern.

Die Herstellung der Möbel erfordert verschiedene Arbeitsschritte, die vielfältigsten wohl bei Polstermöbeln, beispielsweise Sesseln:

a) ohne Verwendung gezeichneter Entwürfe, nach Erfahrung des Schreiners, werden die Einzelteile hergestellt: Beine, Lehne, Sitzrahmen. In Nachahmung europäischen, gründerzeitlichen Wohnkomforts werden besonders Lehnen und Beine oft mit flachreliefartigen Schnitzarbeiten verziert, z. T. werden die Reliefs auch aus verschiedenfarbigen Hölzern und - manchmal - Knochen und Metallstücken zusammengesetzt;

b) sind die Einzelteile verleimt und die Holzoberfläche durch Schmirgeln geglättet, können die Lackierarbeiten vorgenommen werden, die gewisse Fachkenntnisse erfordern;

c) in vielen Fällen erhält das Holz hierbei einen Farblacküberzug (22). In einem letzten Arbeitsschritt wird die Polsterung des Sessels oder Sofas vorgenommen.

Die recht hohen Anforderungen an die Arbeitskräfte (23) - bei allen Schritten werden spezielle Fertigkeiten verlangt - bringen es mit sich, daß die Arbeitsteilung in der Möbelherstellung recht weit fortgeschritten ist, was sowohl inner- wie außerbetriebliche Arbeitsteilung bedeuten kann.

Von den 233 Möbelschreinereien in Esfahan besitzen 79% 1 bis 3 Beschäftigte. Nur 16 Betriebe (knapp 7%) weisen mehr als 5 Beschäftigte auf, davon nur 2 10 Arbeitskräfte und mehr (vgl. a. Tab. 8). Ebenso variiert die Kapitalausstattung der Betriebe, d.h. vor allem deren Maschinenbesatz. Eine Folge hiervon ist, daß nur wenige, vor allem die großen, gut ausgestatteten Werkstätten, in der Lage sind, sämtliche Arbeitsgänge betriebsintern vom Rohstoffeinkauf bis zum Verkauf der fertigen Möbel auszuführen.

In allen anderen Fällen werden Teile des Produktionsprozesses in weitere spezialisierte Betriebe ausgelagert. Vor allem 17 Lackiereien und 21 Polstereien arbeiten für den Großteil der Schreiner.

In vielen Fällen führt die Möbelschreinerei alle Holzarbeiten durch, gibt dann das halbfertige Möbel an eine Lackiererei, die die Oberflächenbehandlung als Auftragsarbeit ausführt. Anschließend werden Polstermöbel zum Polstern vergeben. Der Verkauf bleibt in den Händen des Schreinereibetriebes.

Zum Teil werden auch Holzarbeiten "außer Haus" durchgeführt, nämlich Schnitz- und Drechselarbeiten. Diese werden von anderen spezialisierten Betrieben übernommen. Z. T. kauft der Schreinerbetrieb fertig gedrechselte Teile, z. T. erfolgt die Bearbeitung erst in seinem Auftrag. Die Schnitzarbeiten werden nur im Auftrag ausgeführt. Wie bei den Polster- und Lackierarbeiten wird diese immer gegen Bezahlung ausgeführt, der/die weiter an der Herstellung beteiligten Betriebe erwerben nicht etwa einen Anteil am Endprodukt.

Jede Möbelschreinerei unterhält feste Geschäftsbeziehungen zu "ihren" Zulieferbetrieben, die allerdings in der Regel für mehrere Schreinereien arbeiten und meist der Schreinerei nicht benachbart sind. Der Transport der Möbel wird von den Schreinern mit eigenen oder geliehenen Lieferwagen durchgeführt.

In zunehmendem Maße werden von vielen Schreinerwerkstätten zusätzlich zur eigenen Fabrikation Halbfertigprodukte eingekauft und wie die eigenen Erzeugnisse zur Weiterverarbeitung an Lackierereien und Polstereien gegeben. Diese Halbfertigwaren stammen aus mehreren Großwerkstätten in Qom, wo jeweils ca. 100 meist junge, relativ schlecht bezahlte Arbeiter Polstermöbelrahmen und Tische zur Weiterverarbeitung an anderem Ort herstellen. Bei einer Spezialisierung der Arbeiter auf wenige Handgriffe ist hier die innerbetriebliche Arbeitsteilung extrem hoch. Daher lassen sich die Preise der Halbfertigwaren niedrig halten, so daß sie i. d. R. unter den Herstellungskosten der eigenen Produkte der Möbelschreiner liegen, woraus für diese eine zusätzliche Gewinnspanne resultiert. Zusätzlich bedeutet der Kauf der Halbfertigwaren eine Ausweitung des Warenangebots, ohne daß eine Ausweitung der Produktionskapazität notwendig wäre.

Die fertigen Produkte werden meist vom Möbelschreiner selbst zum Verkauf angeboten, oft in seiner Werkstatt oder in einem Laden nebenan, in manchen Fällen aber auch getrennt davon in einem Laden an einer der Hauptgeschäftsstraßen. Diese Läden werden oft erst abends, nach Schließung der Werkstätten, geöffnet.

Immerhin existieren in Esfahan aber auch 59, lediglich auf die Möbelvermarktung spezialisierte Geschäfte (vgl. Tab. 8). Sie beziehen ihre Waren von Werkstätten, die auch eigenen Verkauf betreiben. Gewöhnlich kaufen die Händler bei mehreren Schreinern ein, zu denen aber relativ feste Geschäftsbeziehungen entwickelt werden. Entscheidend für die Auswahl ist ein relativ niedriger Preis der Ware.

Möbelschreiner und auch Möbelhändler verkaufen i. d. R. an den Endverbraucher. Auch die Bevölkerung des ländlichen Umlandes muß, soweit sie Möbel erstehen will und kann, in Esfahan einkaufen und den Transport selbst organisieren. In einigen Fällen stammen die Kunden auch aus anderen Teilen Irans. Sie kaufen in Esfahan ein, da einige Möbelhersteller aufgrund der Qualität ihrer Produkte landesweit bekannt sind. Für eine Garnitur dieser Werkstätten werden z. T. Preise bis zu 1,2 Mio Rial (ca. 30.000 DM) gezahlt.

Aus einem anderen Grund beziehen in wenigen Fällen Tehraner Möbelhändler einen Teil ihres Angebots aus Esfahaner Schreinereien: Das höhere Lohnniveau der Hauptstadt führt zu höheren Herstellungskosten und hebt damit den Einkaufspreis, der in Tehran produzierten Möbel an, so daß ein Einkauf in Esfahan trotz zusätzlicher Transportkosten eine höhere Gewinnspanne verspricht.

Die Gewinnspannen aller am Produktions- und Vermarktungsprozeß beteiligten Instanzen lassen sich mangels entsprechender Daten nicht berechnen. Immerhin sind gewisse Aussagen über die Margen der Rohmaterial-Einzelhändler und Möbelschreiner möglich.

Tabelle 9 gibt die Ein- und Verkaufspreise des Einzelhandels bei verschiedenen Materialien wieder. Soweit die Zahlen, die aus verschiedenen Interviews des Verfassers stammen, untereinander vergleichbar sind, ist die Gewinnspanne bei nicht aufbereitetem Holz noch relativ gering im Vergleich zu den anderen Materialien oder bereits furniertem und/oder geschnittenem Holz, wo bis zu 1/3 des Verkaufspreises als Rohertrag abfällt. Dieser Preisaufschlag auf das Rohmaterial durch den Einzelhandel verteuert naturgemäß die Produktionskosten. Allerdings hält sich die Verteuerung in Grenzen. Sie dürfte weniger als 5% der Kosten und 1 bis 1 1/2% des Verkaufspreises ausmachen.

Wie Tabelle 10 am Beispiel eines Sessels zeigt, gehen die Materialkosten, soweit sie bei reinen Schreinerarbeiten anfallen, zu 13 - 8% in die Herstellungskosten ein, mit abnehmender Tendenz bei steigendem Warenwert, der vor allem eine Funktion der Qualität des Bezugsstoffes ist. Der Materialkostenanteil des Polsters kann zwischen 7 und 43% der Herstellungskosten ausmachen.

Wie die Tabelle 10 zeigt, liegen die Preise der Halbfertigwaren u.U. erheblich unter den Kosten einer eigenen Herstellung des Rahmens. Hier schlagen vor allem die relativ hohen Kosten für Schnitz- und Schreinerarbeiten zu Buche. Allein die Schreinerarbeiten nehmen pro Sessel etwa 15 - 25 Arbeitsstunden in Anspruch. Der Stundenlohn eines Facharbeiters kann mit 100 - 150 Rial angenommen werden (24).

Der Verkaufspreis des Werkstücks beträgt etwa das Doppelte der Herstellungskosten, bei einem Sessel der angegebenen Stilrichtung 16.000 - 36.000 Rial (= DM 400.- bis 900.-). Bei gleichem Verkaufspreis kann ein Schreiner bis zu 1.000 Rial zusätzlichen Gewinn verbuchen, wenn er seine Rahmen aus Qom bezieht. Die Halbfertigwaren werden allerdings nur in kompletten Garnituren, d.h. vier Sessel, ein Sofa, zwei Stühle und drei kleine Tische zu einem Preis von 30.000 - 70.000 Rial (DM 750.- bis 1.750.-) abgegeben. Für die weiteren Arbeitsgänge und das Material müßten 20.000 - 86.000 Rial aufgewendet werden, insgesamt also 50.000 - 156.000 Rial.

Neben diesen durch Schnitzarbeiten verzierten Garnituren werden in den Werkstätten auch einfachere, völlig mit Stoff bezogene Sitzgruppen hergestellt, die

Tabelle 9: Ein- und Verkaufspreise der Rohstoff-Einzelhändler (in Rial)

	importierte Bohlen (Rial/m^3)	inländische Bohlen (Rial/m^3)	Sonstiges Holz (Rial/kg)	Spanplatten	Stoff (Rial/m)
Einkaufspreise	18000-19000	1000-1300	10-80	300-900	150-3500
Verkaufspreise	21000	1200-1500	15-120 (ohne Wertzuwachs durch Aufbereitung)	400-1200	200-5000
Differenz	3000/2000	200	5/40	100/300	50/1500
Verdienst des Zwischenhändlers (%)	9,5/14,3	13,3/16,6	33,3	25,0	25/30

Quelle: eigene Erhebungen 1979

Tabelle 10:   Produktionskosten eines Polstersessels im "Louis XIV"-Stil

Art der Kosten	Preisspannen (in Rial) bei Produktion in Esfahan	Verarbeitung von Halbfertigwaren aus Qom
25 kg Walnußholz	750-1250	
10 kg Platanenholz	200-300	
Klebe- und Bindemittel	100	
Lohnkosten für Schreinerarbeiten	1500-3750	
Kosten für Schnitzarbeiten	2000-3000	
Preis des Halbfertigprodukts		3500-8250*
Kosten für den Rahmen gesamt	4550-8400	3500-8250
Lackierung incl. Materialkosten	1000	
Polsterfedern	240-720	
Stoff (1,5 m)	300-7500	
Lohn- und weitere Materialkosten für Polsterarbeiten	1000-1500	
Polstern gesamt	1540-9720	
Gesamtkosten (ohne Betriebskosten der Schreinerbetriebe)	7090-19120	6040-18930

* Halbfertigwaren werden in geschlossenen Garnituren verkauft. Um Vergleichbarkeit zu erreichen, wurde der Preis eines Sessels als 8,5. Teil des Preises einer Garnitur, bestehend aus vier Sesseln, einem Sofa, zwei Stühlen und drei Beistelltischchen angenommen.

Quelle: eigene Erhebungen 1979

"schon" zu Preisen zwischen 40.000 und 70.000 Rial erstanden werden können.
Hierbei liegt der Reingewinn des Möbelschreiners bei 25 - 35%.

2.2.3   Kupferverarbeitung

Im Jahre 1975 existierten in Esfahan 114 Kupferschmiedewerkstätten mit 245 Beschäftigten. Sie stellen in erster Linie Haushaltswaren wie Kochgeschirr u.ä. her, daneben auch Großkessel u.ä., die in Gewerbebetrieben verwendet werden. Produkte aus Plastik, Aluminium oder Porzellan, die mehr und mehr in Konkurrenz zum traditionellen Kupfergerät treten, haben dessen Gebrauch vielleicht etwas eingeschränkt, bisher aber nicht ersetzen können, und durch kunstgewerbliche Weiterverarbeitung eines gewissen Teils der Produktion treten neben den traditionellen Käuferschichten nun beispielsweise auch in- und ausländische Touristen als Abnehmer in Erscheinung.

Die Verwendung von Kupfergeschirr im Haushalt ist nicht problemlos; kommt Kupfer mit Essigsäure in Berührung, entsteht Grünspan, so daß die Speisen eine toxische Wirkung erhalten. Aus diesem Grund wird Kupfergeschirr i.d.R. verzinnt, was in getrennten Betrieben vorgenommen wird. 1975 gab es in Esfahan 63 Werkstätten mit 77 Beschäftigten, die diese Aufgabe übernahmen (Tab. 11).

Die Verarbeitung von Kupfer ist eine mit einigem Lärm verbundene Tätigkeit. Dies führt dazu, daß die Ansiedlung von Kupferschmieden mit Restriktionen verbunden und auf wenige Standorte beschränkt ist. So konzentrieren sie sich heute vor allem in schon unter den Safaviden bestehenden Kupferschmiedebazaren ("Bazar-e-Mesgar") am Meydan-e-Naqsh-e-Jahan (Meydan-e-Shah), am Bazar-e-Zoghaliha (Holzkohle-Bazar) und an der Shah- sowie Saremiyeh Straße (vgl. Abb. 13).

Die Verzinn-Werkstätten liegen vor allem in den dichtbevölkerten Vierteln der Altstadt, sind aber im Gegensatz zu den Schmieden nicht auf einzelne Straßenzüge beschränkt. Ihre engen produktionstechnischen Verflechtungen (s.u.) führen jedoch dazu, daß ein relativ großer Teil der Verzinn-Betriebe in der Nähe der Schmiedegasse liegt (Abb. 13).

Die Kupferschmiede verarbeiten i.d.R. Bleche aus Messing oder einer Legierung mit noch höherem Kupferanteil, die als Platten von 15 - 120 cm Durchmesser oder in zusammengefalteter Form auf den Markt kommen. Die Legierung wird weitgehend in iranischen Schmelzwerken (25) aus mindestens 65% reinem Kupfer, bis zu 30% Zink und einem Zuschlag von 3 - 5% Messing (Altmetall) hergestellt, wobei Schrott, Industrieabfälle (Späne) und altes Kupfergeschirr eingeschmolzen werden. In Esfahan selbst gibt es heute 4 Schmelzwerke, von denen 2 mit zusammen 36 Beschäftigten eine Tagesproduktion von 3 - 5 t erreichen (26). Die beiden anderen sind nur sporadisch in Betrieb.

Tabelle 11: Betriebe der Kupferverarbeitung und -vermarktung in Esfahan 1975, nach Zahl der Beschäftigten

	Zahl der Betriebe mit Beschäftigten									Gesamtzahl der	
	1	2	3	4	5	6	7	-	15	Betriebe	Beschäftigten
Kupferschmiede	46	40	15	6	2	3	1	-	1	114	245
Verzinn-Werkstätten	49	14	-	-	-	-	-	-	-	63	77
Kupferhandel	5	3	-	-	-	-	-	-	-	8	11
Handel mit Kupferwaren	17	6	4	1	-	-	-	-	-	28	45

Quelle: SCI:Zählung der Betriebe des Landes. H. 719 b, Tehran 1975.

Abbildung 13: Standortverteilung der Kupferschmiede und Verzinn-Werkstätten in Esfahan

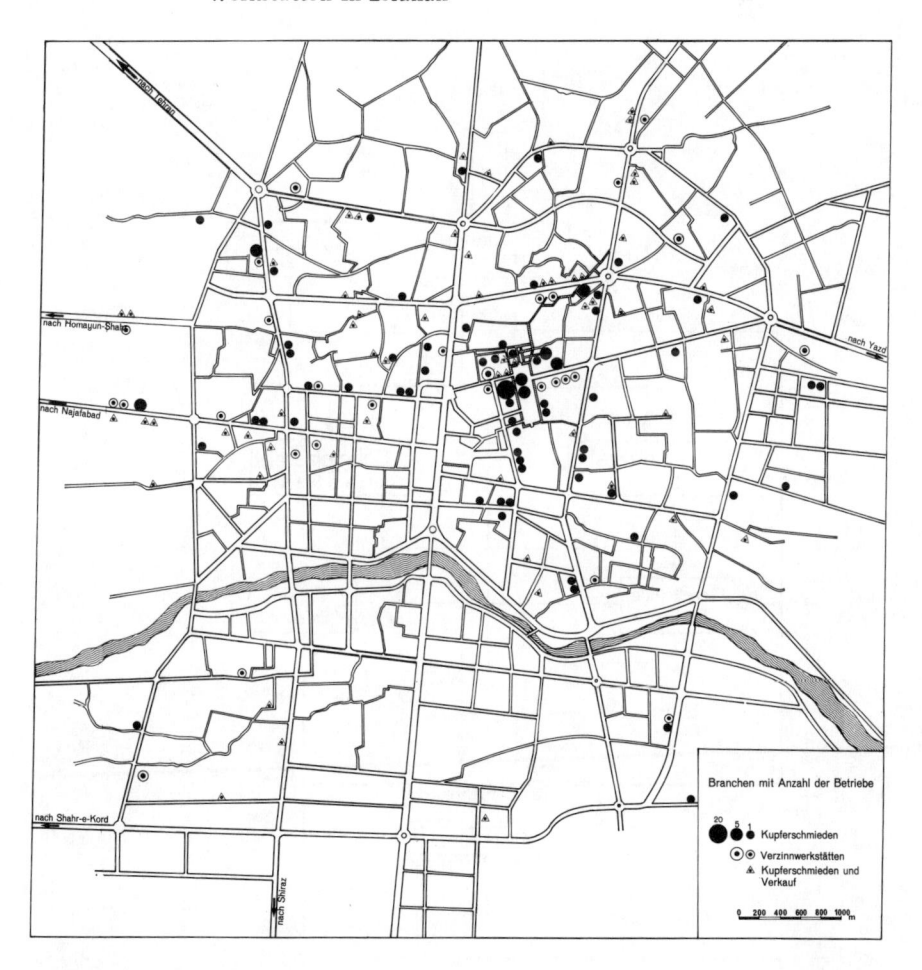

Die Kupferschmiede beziehen ihr Material zum großen Teil direkt von den Esfahaner Schmelzereien (27), wobei sie den Kaufpreis innerhalb von 31, 61 oder 91 Tagen begleichen können. Z. T. liefern sie auch statt dessen Altmaterial, das dann eingeschmolzen wird. Schmelzereien aus anderen Städten Irans, vor allem auch Tehrans, unterhalten in Esfahan Verkaufsstellen, wo ein Teil der Kupferschmiede einkauft, da das Material anderer Schmelzereien z. T. von höherer Qualität sein soll als die Esfahaner Produktion. Auch hier wird bis zu 3 Monaten Kredit gegeben (Abb. 14).

Abbildung 14: Rohstoffbezug und Absatz der Fertigprodukte der Kupferschmiede in Esfahan

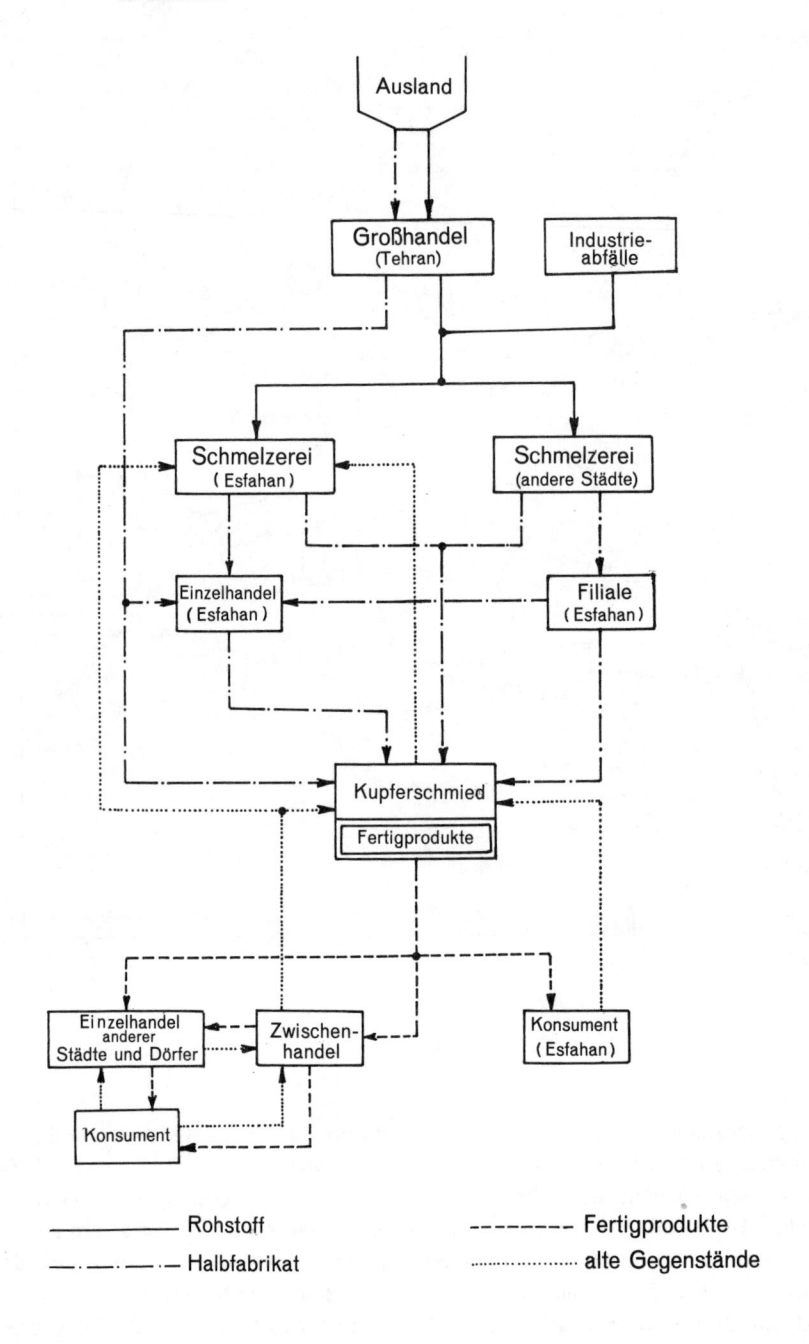

——————— Rohstoff   --------- Fertigprodukte
—·—·—·— Halbfabrikat   ·········· alte Gegenstände

Kredit - bei leichter Erhöhung des Kaufpreises - wird nur Kunden gewährt, die bekannt, also Stammkunden, sind. Wenn somit eine gewisse Bindung zwischen Stammkundschaft und Lieferanten besteht, so muß betont werden, daß es keiner besonderen Mechanismen bedarf, um die Schmiede den Schmelzern als Abnehmer zu sichern, da deren Zahl ausgesprochen gering ist und so kaum Konkurrenz besteht. Die Schmiede haben allerdings noch die Möglichkeit, bei Kupferhändlern einzukaufen, die auf Kupferblech und z.T. Kupferschmiedewaren spezialisiert sind. Diese Händler - 1978 8 Betriebe mit ein oder zwei Beschäftigten - beziehen ihre Waren z.T. ebenfalls von den Filialen der auswärtigen und von den Esfahaner Schmelzereien, überwiegend aber vom Tehraner Großhandel, über den auch importiertes Material zu bekommen ist (28).

Auch der Stammkundschaft dieser Händler wird der in Iran allgemein übliche Zahlungsaufschub von 31, 61 oder 91 Tagen eingeräumt. Der zeitliche Spielraum ist hier abhängig von der zeitlichen Dimension des Kredits, den der Einzelhändler bei seinem Lieferanten genießt und dürfte i.d.R. unter diesem Zeitraum bleiben.

Außer Kupfer bzw. Messing wird Eisen zur Randverstärkung und für das Verzinnen Zinn, Salzsäure, Salmiak und Baumwolle benötigt.

Das Eisen, das nur in geringen Mengen benötigt wird, stammt vom Metalleinzelhandel, der die verschiedensten metallverarbeitenden Handwerkszweige beliefert.

Der Bedarf der Verzinnbetriebe wird von Drogerien (Chemikalien), Gemischtwarenhändlern und den Farbhändlern (Zinn) gedeckt. Auch hier existieren Kreditmöglichkeiten bei der Abnahme größerer Mengen. Der Kauf kleiner Mengen der einzelnen Rohstoffe, die bar bezahlt werden müssen, sind allerdings häufiger.

Die Kupferschmieden in Esfahan weisen eine ausgesprochen kleinbetriebliche Struktur auf. In 40% der Betriebe arbeitet lediglich der Betriebsinhaber, in 35% eine, in 13% zwei weitere Personen.

In diesen Kleinstbetrieben wird weitgehend nach traditionellen Methoden gearbeitet (vgl. WULFF 1966: 20-32).

Mittels des "Hammerverfahrens" werden vor allem kleinere Gegenstände, wie sie im Haushalt benötigt werden, hergestellt. Hierbei wird ein passendes Metallstück auf einem Amboß auf kaltem Wege durch Hammerschläge in die gewünschte Form gebracht. Diese Vorgehensweise, bei der ohne Muster gearbeitet wird, ist relativ zeitaufwendig.

Größere Behälter, Kessel, Töpfe etc. werden im sog. "Ofenverfahren" verfertigt. Das für diese Gefäße benötigte stärkere Material läßt sich nicht im kalten Zustand verarbeiten. Es wird daher in einem speziellen Ofen erhitzt und anschließend, oft von bis zu 5 Personen gleichzeitig, mit dem Hammer bearbeitet. Da die Zusammenarbeit mehrerer Personen erforderlich ist, werden diese größeren Gefäße vorwiegend in Betrieben mit mehreren Beschäftigten hergestellt.

Seit einigen Jahren werden in manchen Großbetrieben auch einfache Maschinen benutzt, mechanische Pressen und Drehbänke. So wird die Produktion erhöht und die Ware vereinheitlicht und verbilligt. Aufgrund von Qualitätsmängeln zeigen die Verbraucher an diesen Produkten allerdings nur mäßiges Interesse.

Das Verzinnen der Haushaltsgeräte wird nicht von den Kupferschmieden durchgeführt, sondern von selbständigen Handwerkern mit eigenen Betrieben. In manchen Fällen ist allerdings auch eine Verzinn-Werkstatt einer Kupferschmiede angegliedert. 1975 gab es 63 Werkstätten, sämtlich Kleinstbetriebe. In 78% von diesen arbeitete nur eine Person. In vielen Fällen wird die Arbeit von Kindern und Jugendlichen ausgeführt, ein Umstand, der in der Statistik nicht zum Ausdruck kommt, da diese billigen Arbeitskräfte wegen des Verbots der Kinderarbeit bei der Erhebung nicht angegeben werden. So muß die tatsächliche Zahl der Produzenten höher angenommen werden.

Vor dem Verzinnen wird das Geschirr gesäubert und über einem Ofen erwärmt. In Salzsäure getränkte Baumwolle wird in Zinn getaucht und hiermit das Geschirr innen und i.d.R. auch außen eingerieben, bis es von einer dünnen Zinnschicht überzogen ist (29). Das Verzinnen erfolgt erst nach dem Verkauf auf Betreiben des Käufers. Dies dient dazu, um beim Kunden keinen Zweifel darüber aufkommen zu lassen, daß das Geschirr neu ist (altes, ausgebessertes Geschirr wird z. T. frisch verzinnt verkauft). Diese Praxis bringt es mit sich, daß Esfahaner Verzinnwerkstätten fast ausschließlich für Endverbraucher arbeiten.

Die Kupferschmiede setzen ihre Waren in ihrer Werkstatt überwiegend entweder direkt an den Endverbraucher oder an Zwischenhändler ab. Einige wenige Kleinbetriebe ohne Stammkundschaft und Lagermöglichkeiten und mit nur geringem "Kapitalpolster" arbeiten im Auftrag anderer Kupferschmiede gegen Lohn bei Lieferung des Rohmaterials. Ihre Aufträge erhalten sie von den verschiedensten Schmieden, wenn diese zeitweise die Nachfrage nicht befriedigen können. Viele Kupferschmiede haben auch unter den Endverbrauchern eine Stammkundschaft. Die Kunden zahlen bar. Vereinzelt werden größere Arbeiten auch auf Bestellung ausgeführt. In diesen Fällen ist eine Anzahlung zu leisten.

Für die Kupferschmiede als Abnehmer von großer Bedeutung sind Zwischenhändler, die den Vertrieb von Esfahaner Kupfererzeugnissen im Um- und Hinterland der Stadt übernehmen und auch in Städten wie Najafabad, Homayun-Shahr oder Na'in, die z. T. auch eigene Kupferschmiede besitzen (vgl. Tab. 12), Esfahaner Produkte absetzen (30). Diese Zwischenhändler (pilehwar), die allgemein mit auf dem Lande nachgefragten Waren handeln, kaufen i.d.R. regelmäßig bei den glei-

Tabelle 12: Kupferschmiede und Verzinnwerkstätten im Ostan-e Esfahan, 1975

	Kupferschmiede Anzahl der		Verzinnwerkstätten Anzahl der	
	Betriebe	Beschäftigten	Betriebe	Beschäftigten
Esfahan	114	245	63	77
Najafabad	31	43	15	17
Homayun Shahr	28	60	6	8
Shahreza	17	22	4	6
Falawarjan	3	4	1	2
Golpaygan	2	3	2	4
Mobarekeh	2	2	-	-
Farokh-Shahr	1	2	1	1
Khounsar	1	1	6	6
Fereydun-Shahr	1	1	5	5
Zarin-Shahr	1	1	3	3
Qadrejan	1	1	-	-
Na'in	-	-	4	6
Khaurassgan	-	-	3	4
Dehaqan	-	-	3	4
Saman	-	-	3	3
Gaz	-	-	2	3
Daran	-	-	2	2
Daulatabad	-	-	2	2
Farsan	-	-	1	3
Dorcheh-Piaz	-	-	1	2
Borujen	-	-	1	1
Benn	-	-	1	1
Hafshejan	-	-	1	1
Ardestan	-	-	1	1

Quelle: SCI: Zählung der Betriebe des Landes, Tehran 1975.

chen Lieferanten, die allerdings nicht mit dem Absatz an sie gebunden sind (31). Den pilewaran wird der übliche Kredit eingeräumt, allerdings haben sie eine Anzahlung zu leisten. Sie kaufen ihre Waren zu einem Preis ein, der 7 - 15% unter dem Preis liegt, zu dem die Schmiede an Endverbraucher verkaufen. Trotz der geringeren Einnahmen ist dem Kupferschmied der Verkauf an einen Zwischenhändler lieber, da hierdurch ein relativ hoher ständiger Absatz gesichert werden kann.

Die Zwischenhändler verkaufen ihre Waren zu einem Preis, der 10-20% über dem Endverbraucherpreis der Schmiede liegt. Allerdings gehen noch die Transportkosten zu ihren Lasten. Ihre Abnehmer sind Einzelhändler (meist Gemischtwarenhändler) und Konsumenten. Teils werden die Metallerzeugnisse gegen "cash" abgegeben; vor allem in den Dörfern werden z. T. aber auch Produkte in Zahlung genommen, z. B. Wolle, Nahrungsmittel, Altmetall u. ä. Dies erfolgt dann allerdings zu Preisen, die bis etwa 20% unter dem Marktpreis liegen, so daß dem pilehwar ein zusätzlicher Gewinn zukommt. Die in Zahlung genommenen Produkte werden an Groß- und Einzelhändler weiterverkauft. Z. T. sind wohl auch Makler (dallal) in den Absatz der Erzeugnisse eingeschaltet, die im Auftrag von Kupferschmieden gegen ein Entgelt (nach Auskunft von Schmieden 10 - 15% des Verkaufspreises) in anderen Orten (Groß-)Abnehmer ausfindig machen und die Geschäfte vermitteln.

In die Zusammensetzung der Preise gehen Materialkosten, i. e. Kosten und Gewinne der Schmelzereien, Transportkosten und Gewinne etwaiger Rohstoffhändler, Arbeitsentgelt der Schmiede und Verzinn-Werkstätten und u. U. Profite und Transportkosten der Zwischen- und Einzelhändler der Fertigwaren ein. Der prozentuale Anteil der einzelnen Kostengruppen läßt sich kaum angeben, da er mit der Art des verwendeten Materials, der Produktengruppe (Haushaltswaren, Investitionsgüter, Waren mit dekorativem Charakter), der Art der Verarbeitung (Handarbeit, maschinell hergestellte Produkte) und der Vermarktung variiert. In Tabelle 13 werden die Spannbreiten der einzelnen den Warenpreis bestimmenden Faktoren angegeben.

Bei den vom Kupferschmied an den Endverbraucher abgesetzten Waren machen die Materialkosten ein bis zwei Drittel, im Durchschnitt etwa die Hälfte des Preises aus, wenn es sich um inländische Erzeugnisse handelt. Bei importierten Blechen mag der Materialkostenanteil bis auf 70% steigen. Die Esfahaner Schmelzereien, die für ihre Bleche pro kg 150 - 250 Rial verlangen, müssen für den Rohstoff 50 - 90 Rial pro kg zahlen, soweit es sich um Altmaterial handelt, das ihnen von den Schmieden angeboten wird, bis zu 110 Rial.

Inwieweit die aus den Extremen zu errechnenden Mittelwerte den Durchschnittspreisen nahekommen, muß offenbleiben. Einen durchschnittlichen Einkaufspreis von 70 Rial pro kg zugrundegelegt, würden die Esfahaner Schmelzereien bei einer mittleren Tagesproduktion von 4 t pro Tag etwa Material für 280.000 Rial einschmelzen und dafür 800.000 Rial erzielen - bei einem mittleren Verkaufspreis von 200 Rial pro kg. Die Differenz von 520.000 Rial muß die Lohnkosten (32) und

Tabelle 13: Zusammensetzung des Preises für ein Kilogramm Kupferwaren

Materialkosten/kg	Esfahaner Produktion 150 - 250 Rial		importiertes Rohmaterial 280 - 300 Rial	
	Haushaltswaren	Industrielle Investitionsgüter	Kunsthandwerkliche Erzeugnisse	maschinelle Erzeugnisse
bei Verkauf an Endverbraucher:				
Einkommen der Schmiede/kg	80-250	250-800	200-3000	30-100
Kosten für Verzinnen/kg	30-70	-	30-70	30-70
Endverbraucherpreis	260-620			
bei Verkauf an pilehwaran:				
Einkünfte der Schmiede/kg	68-235			
Einkünfte des Zwischenhändlers od. dallal/kg	40-190			
(Einkünfte von Einzelhändlern)	?			
Kosten für Verzinnen	30-70			
Endverbraucherpreis	288-795			

Quelle: eigene Erhebung 1978

weitere Betriebs-, darunter hohe Energiekosten, abdecken. Der eigentliche Profit der Schmelzereien läßt sich nicht ermitteln.

Der Wertzuwachs durch die Schmiedearbeiten beläuft sich, je nach Art des Produkts, bei Haushaltswaren zwischen 80 und 250 Rial pro kg, also etwa zwischen 20 und 45% des Endpreises. Bei Verkauf an Zwischenhändler reduziert er sich auf ca. 68 - 235 Rial.

Die Schmiede machen u.U. einen zusätzlichen Gewinn durch den Ankauf von Altmetall, das sie für 70 bis 100 Rial/kg von ihren Kunden übernehmen, wenn möglich reparieren und verzinnen und zum Neupreis verkaufen, oder aber, wenn sie keine Abnehmer finden, mit einem Aufschlag von 10 Rial an die Schmelzwerke verkaufen, wie oben schon erwähnt wurde.

Ein Facharbeiter verarbeitet am Tag 15 - 20 kg Metall, was einem Arbeitswert von 1.600 - 3.750 Rial (bzw. 1.360 - 3.525 Rial beim Verkauf an Zwischenhändler) entspräche, wenn nur Haushaltswaren hergestellt würden (33). Die Produktivität eines einfachen Arbeiters ist in der Regel jedoch geringer als die eines ostad-kar, und 4/5 der Beschäftigten haben als "einfache Arbeiter" zu gelten, auch ein Teil der Werkstattinhaber (34). Wenn angenommen wird, daß diese im Durchschnitt 10 kg, die ostad-karan 15 kg Metall pro Tag verarbeiten, entspräche dies einer Tagesproduktion von 2.750 kg in Esfahan.

Das Verzinnen kostet den Verbraucher 30 - 70 Rial pro kg der Ware, das sind 10 - 15% des Endverbraucherpreises bei direktem Verkauf. Unter der Annahme der angegebenen Tagesproduktion von Kupferwaren mag mit einem Anfall von vielleicht 1.650 kg zu verzinnenden Materials nach Abzug von 40% der Gesamtproduktion (Export, Investitionsgüter u.ä.) gerechnet werden. Im Mittel entfielen auf eine Verzinnerei dann 26 kg pro Tag, was einem Umsatz von 780 - 1.820 Rial entspräche, bei einem relativ hohen Materialkostenanteil. Wenn auch diese Zahlen im einzelnen nicht ganz zutreffend sein mögen, dürften sie doch in etwa Größenordnung und Relationen einigermaßen wiedergeben. Es wird deutlich, daß die Verzinner sich mit einem um etwa 50 und mehr Prozent geringeren Einkommen zufriedengeben müssen, was auch die hohe Zahl der hier beschäftigten Kinder erklärt, die ein niedrigeres Lohnniveau akzeptieren.

Die individuell wohl sehr unterschiedlichen Einkünfte der pilehwaran, die ja noch mit weiteren Produkten handeln, lassen sich auch nicht überschlagsmäßig berechnen. Daß sie in einem Umfang von etwa 10 - 20% der oft durch die Zahlweise in "kind" auf das Doppelte erhöht wird, zur Verteuerung des Produkts beitragen, wurde schon oben erwähnt. Allerdings ist zu berücksichtigen, daß der Kunde den auch gewisse Kosten verursachenden Weg in die Stadt spart, daß von der Verteuerung bis zu 40% ein Teil also als Transportkosten anfällt und nicht dem Zwischenhändler zugute kommt.

Durch den Vertrieb der Kupfererzeugnisse durch pilehwaran und dallalha auch über das engere Umland hinaus gewinnt Esfahan zweifellos an regionaler und

damit zentralörtlicher Bedeutung, anders als durch andere Handwerkszweige
(z. B. Möbelbau), die schwerpunktmäßig für den städtischen Binnenmarkt produzieren.

2.2.4   Intarsien

Nach Teppichen sind Intarsien (khatam) neben Miniaturen wohl mit die bekanntesten kunsthandwerklichen Erzeugnisse Irans. Als khatam-Arbeiten sind Holzschachteln und Bilderrahmen, aber auch Tische und Stühle erhältlich (35), die ein Furnier besitzen, bei dem verschiedene Materialien unterschiedlicher Farbe - verschiedene Metalle, Holz, Knochen u.ä. - geometrische Muster bilden, die aus Dreiecken als kleinsten Elementen aufgebaut werden (36).

Die heutige Art der khatam-Arbeiten war bereits unter den Safaviden gebräuchlich (37). Neben der Hauptstadt Esfahan, wo Intarsienhersteller im (heutigen) Bazar-e-Zargarha saßen (vgl. a. Kap. 2), gab es Herstellungszentren geringerer Bedeutung auch in Shiraz und Kerman. Die Produktion war völlig auf den Bedarf einer kleinen Oberschicht ausgerichtet. Mit dem Verlust der Hauptstadtfunktion Esfahans verlor auch die dortige Intarsienfabrikation jede Bedeutung; das Handwerk konnte sich allerdings in gewissem Umfang in Shiraz halten, wo in qajarischer Zeit auch kleinere, billige khatam-Arbeiten hergestellt wurden, die für weitere Bevölkerungskreise erschwinglich waren. Seit den 30er Jahren dieses Jahrhunderts lebte die Intarsienherstellung neben Shiraz auch wieder in Esfahan auf und erwarb neue Reputation durch Großprojekte wie die Ausgestaltung des Arbeitszimmers des Shahs im Marmorpalast oder des Intarsiensaals des iranischen Parlaments. Neben Esfahan und Shiraz sind heute Tehran und Golpaygan Zentren der khatam-Herstellung.

Nach der Betriebszählung von 1975 (SCI: 1975 b, H. 719 b) waren in Esfahan 81 Intarsien-Betriebe angesiedelt. Wie im Falle der Schuhmacher muß diese Zahl jedoch nach oben korrigiert werden, da manche Handwerker ohne Gewerbeschein in ihren Wohnungen arbeiten. Zum Teil wird auch nur ein Ladenlokal registriert, nicht aber die in hinteren Räumen gelegene Werkstatt, so daß der Besitzer lediglich als khatam-Verkäufer fungiert. Gründe hierfür sind die stark gestiegenen Kosten für Steuer, Versicherung u.ä.

Die registrierten Werkstätten sind, wie Abbildung 15 zeigt, schwerpunktmäßig an der Chahar-Bagh-Straße und dem Meydan-e-Naqsh-e-Jahan / Meydan-e-Shah angesiedelt, obwohl man auch in anderen Stadtteilen Werkstätten findet. Die räumlichen Schwerpunkte spiegeln den Charakter der khatam-Arbeiten: immer noch ein relativ teures Produkt für den nicht-alltäglichen Bedarf werden vor allem in- und ausländische Touristen angesprochen, die den Shah-Platz aufgrund seiner Sehenswürdigkeiten in Scharen besuchen und über die Chahar-Bagh-Straße mit ihrem auf einen gehobenen Kundenkreis zugeschnittenen Geschäftsbesatz und zahlreichen Hotels promenieren (vgl. Kap. 3.1).

Abbildung 15:   Standorte der Intarsien-Herstellung in Esfahan

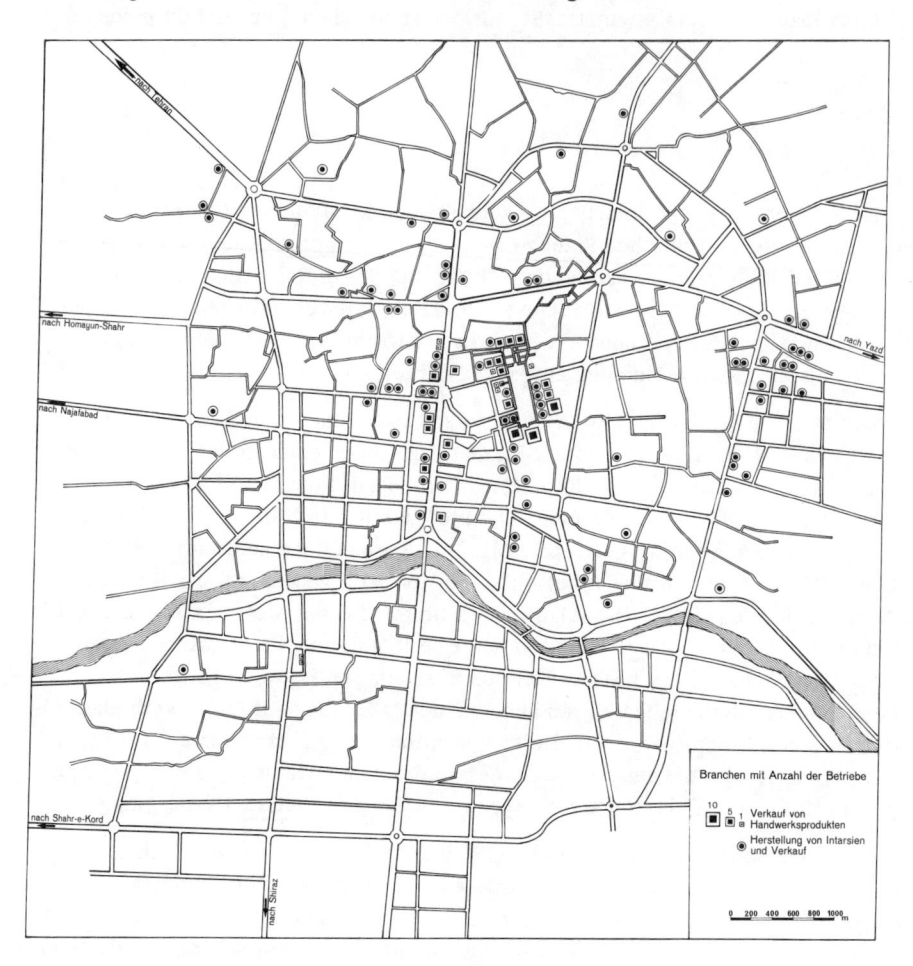

Für Intarsienarbeiten werden Metalle, verschiedene Holzarten, Knochen und neuerdings Plastik benötigt. Je nach Wert der Arbeit schwankt auch die Art des Rohmaterials.

An Metallen wird Gold, Kupfer oder Messing mit gelblicher bzw. Silber oder Aluminium mit silbrig-weißer Tönung verarbeitet, Gold und Silber allerdings nur bei besonders wertvollen Gegenständen. Da Kupfer relativ schnell oxydiert, ist Messing das am häufigsten verwendete Metall. Wie schon im Fall der Kupferschmiede angesprochen, wird es entweder importiert oder stammt aus iranischen Schmelzereien.

Die Hölzer, die verwendet werden, unterscheiden sich in Farbe, Preis und Herkunft:

1. Das Holz der Betelpalme (Areca catechu), das hell bis dunkelbraun ist, teilweise aber auch in schwarz übergeht, muß aus Indien importiert werden und ist ausgesprochen teuer. Oft wird daher Holz alter Tische, Truhen und Betten benutzt, das billig zu erhalten ist.

2. Ebenholz (Diospyros ebenum), ein schwarzes, hartes Holz, das ebenfalls aus Indien stammt und importiert werden muß, wird meist durch gefärbte, billigere Holzarten ersetzt.

3. Das rotgetönte Holz der Brustbeere (Liziphus vulgaris) stammt i.d.R. aus der Gegend von Shiraz, Mashhad, Na'in oder Ardestan.

4. Rotholz, obwohl farblich das Brustbeerholz übertreffend, wird wegen seines Preises nur selten verarbeitet. Es stammt aus Indien.

5. Das Holz der Pomeranze (Citrus aurantian) hat eine gelbe Farbe und stammt, soweit es von Intarsienherstellern benutzt wird, vorwiegend aus Fars oder Mazandaran.

6. Buchsbaum (Buxus sempervirens) mit gelbem, äußerst hartem Holz findet sich in Mazandaran.

7. Das sehr weiche Pappelholz wird vor allem für die Innenseiten von Intarsien benötigt. Die Nachfrage kann aus den Beständen des Esfahaner Umlandes befriedigt werden.

8. Platanen (Platanus orientalis), in Iran allgemein verbreitet, liefern billiges Holz, das sehr häufig gefärbt und als Ersatz für teurere Holzarten verwendet wird.

9. Walnuß- und Erlenholz ist hart und "arbeitet" kaum. Diese Eigenschaften machen beide Arten für das Skelett der Intarsien besonders geeignet. Das Holz stammt meist aus der Umgebung Esfahans und wird wie Pappel- und Platanenholz in Sägewerken von Homayun-Shahr aufbereitet.

Für weiße Töne werden i.d.R. Knochen, Elfenbein oder Muscheln verwendet, Elfenbein und Muscheln wegen ihres Preises allerdings nur bei teueren Stücken. Elfenbein wird aus Indien oder afrikanischen Staaten importiert, Muscheln stammen vom Persischen Golf. Die weitaus billigeren Kamel- und Pferdeknochen - in erster Linie werden die Schenkelknochen benutzt - werden für die Verarbeitung in Najafabad und Rey aufbereitet. Besonders die Pferdeknochen sind auch für ein Einfärben (vor allem Grün) geeignet.

Als Knochenersatz wird heute mehr und mehr weißes Plastik verwendet. Der Nachteil der geringeren Haltbarkeit wird für den Handwerker durch den Vorteil der leichten Verarbeitbarkeit aufgewogen. Das Material wird z. T. importiert, z. T. aber auch in Tehran hergestellt.

Zusätzlich zu diesen Materialien werden Klebemittel benötigt, die entweder abgepackt importiert oder von den Handwerkern selbst aus Schafs- oder Rinderknochen gekocht werden, des weiteren Fäden und Schnüre aus den Spinnereien Esfahans und Umgebung, Schmirgelpapier, Lacke, Nägel u. ä.

Der Bezugsmechanismus der Rohstoffe ist komplizierter als im Fall der bisher geschilderten Handwerkszweige (vgl. Abb. 16). Der Grund dafür ist, daß zusätzlich zu den privaten Handelsfirmen die in Kap. 1.2.3 angesprochenen Instanzen der IHO und der Genossenschaften, die sich im Kunsthandwerk in gewissem Umfang etablieren konnten, in den Materialbezug eingeschaltet sind.

Zum Teil durchläuft der Weg des Rohstoffes die schon bekannten Stationen des Großhandels. Hierbei sind auf der Ebene des Tehraner Großhandels verschiedene Betriebe beteiligt, die jeweils unterschiedliche Produkte vermarkten. Holz und Metall werden von spezialisierten Großhändlern geliefert, die z. T. schon in den vorhergehenden Beispielen genannt wurden: von den Holzgroßhändlern beziehen auch die Möbelschreiner ihre Materialien, von den Metallgroßhändlern beispielsweise die Kupferschmiede. Der Tehraner Großhandel vermarktet dabei sowohl importierte wie auch in Iran hergestellte Materialien. Der Esfahaner Großhandel, der auf Intarsienbedarf spezialisiert ist, bezieht seine Produkte z. T. von persischen Produzenten, z. T. auch aus Tehran, einige Holzarten sowie Messing auch aus dem Ausland.

Die Esfahaner Großhändler lassen das Rohmaterial z. T. aufbereiten, d. h. in einen Zustand bringen, in dem es vom Intarsienhandwerker verarbeitet werden kann. Vor allem das Metall (Messing), das als Draht vorliegt, wird zu 30 - 60 cm langen Drahtstücken mit dreieckigem Querschnitt verarbeitet.
Dieses Material kann der Handwerker direkt vom Großhandel beziehen; ein Einzelhandel, der Intarsienbedarf vertreibt, existiert nicht.

Ein Teil der Handwerker kauft jedoch auch bei seiner Genossenschaft, womit auch die IHO eingeschaltet ist. Die IHO importiert dabei durch ihren Tehraner Sitz aus dem Ausland stammendes Material, kauft anderes vom Tehraner Großhandel auf und läßt es, soweit nötig, aufbereiten. Diese Werkstoffe werden auf Bestellung an die entsprechenden Genossenschaften, in unserem Fall die Genossenschaft der Intarsienproduzenten, abgegeben, die, wie aus Abbildung 16 ersichtlich, darüber hinaus aber auch beim Esfahaner Großhandel sowie in manchen Fällen direkt beim Produzenten einkauft und das Material, soweit noch nicht geschehen, aufbereiten läßt.

Von der Genossenschaft kann der Handwerker sämtliche Rohstoffe erhalten. Allerdings verhält sich die Genossenschaft wie ein Zwischenhändler, der Gewinn zu machen gedenkt, was sich auf die Rohstoffpreise auswirkt. Selten nachgefragte

Abbildung 16: Rohstoffbezug und Absatz der Fertigproduktion der Intarsienhandwerker in Esfahan

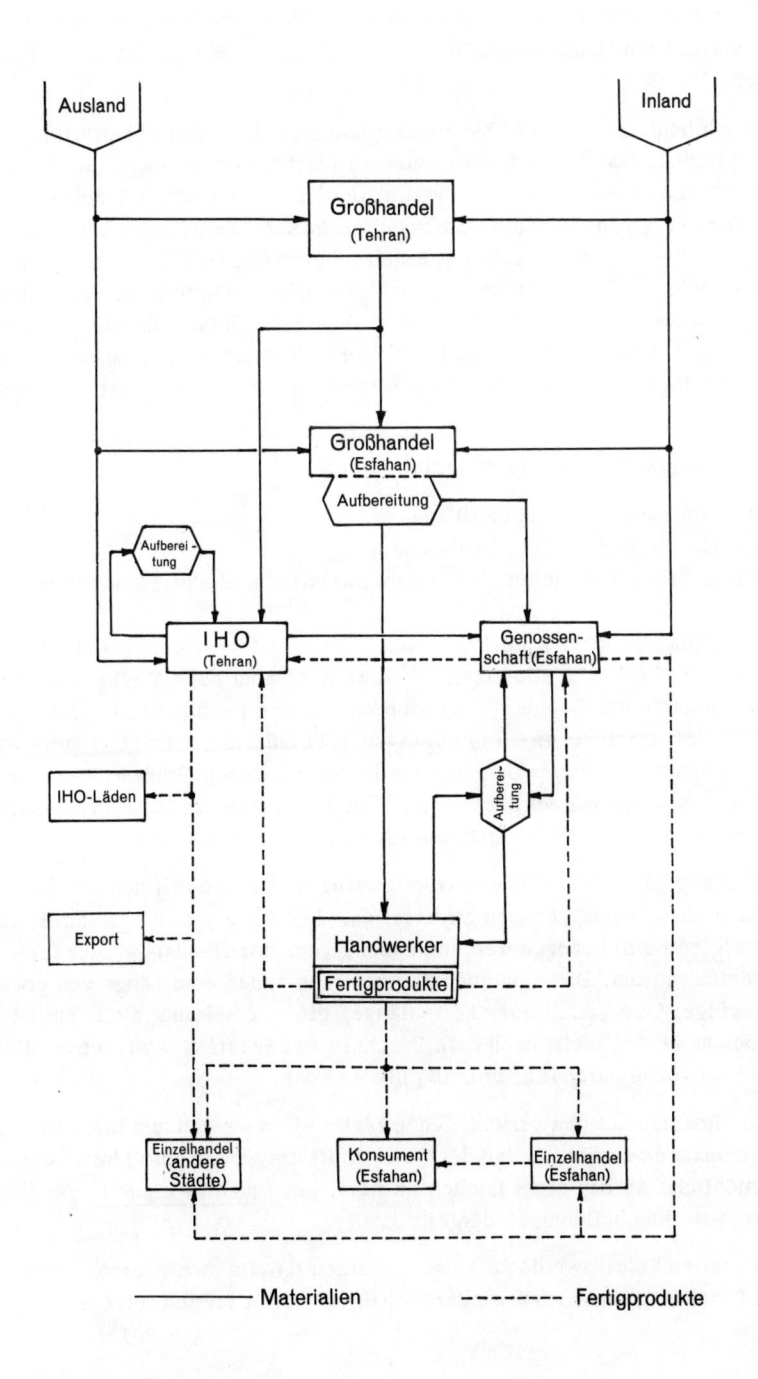

——— Materialien   ------- Fertigprodukte

Materialien wie Gold und Silber müssen allerdings bei der Genossenschaft oder beim Großhändler bestellt werden, da sie i.d.R. nicht vorrätig sind.

Knochen beziehen die Handwerker meist direkt von den Schlachtereien oder von spezialisierten Handwerkern in Rey oder Homayun-Shahr, die die Aufbereitung besorgen.

Auch heute noch ist der Mechanisierungsgrad der Intarsienherstellung ausgesprochen gering, was dem Charakter dieses Kunsthandwerks entspricht. Lediglich Handsägen sind in einigen Fällen abgelöst worden durch elektrisch betriebene Tischsägen. Darüber hinaus wird ein traditioneller Satz an Werkzeugen benutzt. Der Haltenagel (mikh-e kar) dient auf dem Boden arbeitenden Handwerkern zum Anlehnen des Werkstücks; ein Holzbrett mit dreieckiger Rille ermöglicht es, das Material zu schmalen, dreiseitigen Prismen zu formen. Normal-, Intarsien- und Prismensägen, Hobel, Feilen, Hammer und Zirkel u.ä. vervollständigen die Ausrüstung des Intarsienherstellers. Somit sind bei einer Betriebseinrichtung nur relativ geringe Investitionen erforderlich.

Die Herstellung eines Werkstücks umfaßt drei Stufen:

a) die Fabrikation des "Skeletts"
b) die Herstellung der Intarsienfläche
c) das Anbringen der Intarsien auf dem Skelett und abschließende Feinarbeiten.

Sämtliche Arbeiten können im Intarsienbetrieb ausgeführt werden, der Träger der Intarsien, das "Skelett", Bilderrahmen, Kästchen, aber auch Tische und Stühle, wird jedoch auch von Tischlern oder Möbelschreinern produziert. In größeren Werkstätten wird oft für diese Arbeiten ein eigener Tischler beschäftigt. Häufig wird jeweils ein ganzer Satz dieser Gegenstände in verschiedenen Größen (38) hergestellt. Sorgfältige Verarbeitung des Skeletts und festes, beständiges Holz (Walnuß-, Erlenholz) sind für die Qualität der späteren Intarsien mitentscheidend.

Ausgangspunkte der Intarsienarbeiten sind dreiseitige Prismen aus den verschiedenen oben angesprochenen Materialien, die, soweit sie nicht vom Handel in der benötigten Form bezogen werden können, vom Intarsienhandwerker selbst hergestellt werden müssen. Die einzelnen Prismenstäbe haben eine Länge von etwa 30 cm, ihr dreieckiger Querschnitt eine Seitenlänge, die z.T. kleiner als 1 mm ist. Holz und Knochen werden meist nach dem Zuschnitt bei Bedarf gefärbt, wobei die Farbe das Material völlig durchdringen muß (39).

Die Prismen aus den verschiedenen Materialien werden nun mit den Längsseiten aneinandergeklebt, so daß der Querschnitt das gewünschte Muster ergibt. Der allmähliche Aufbau eines solchen Musters, des "khatam-e-shesh" (sechsseitige Intarsie), wird in Abbildung 17 dargestellt:

Im ersten Schritt werden 6 Messingprismen (I), im zweiten rote Holzprismen (II), im dritten wieder Messing (III), im vierten rotes Holz

Abbildung 17: Aufbau des Musters "khatam-e-shesh" in verschiedenen Arbeitsschritten

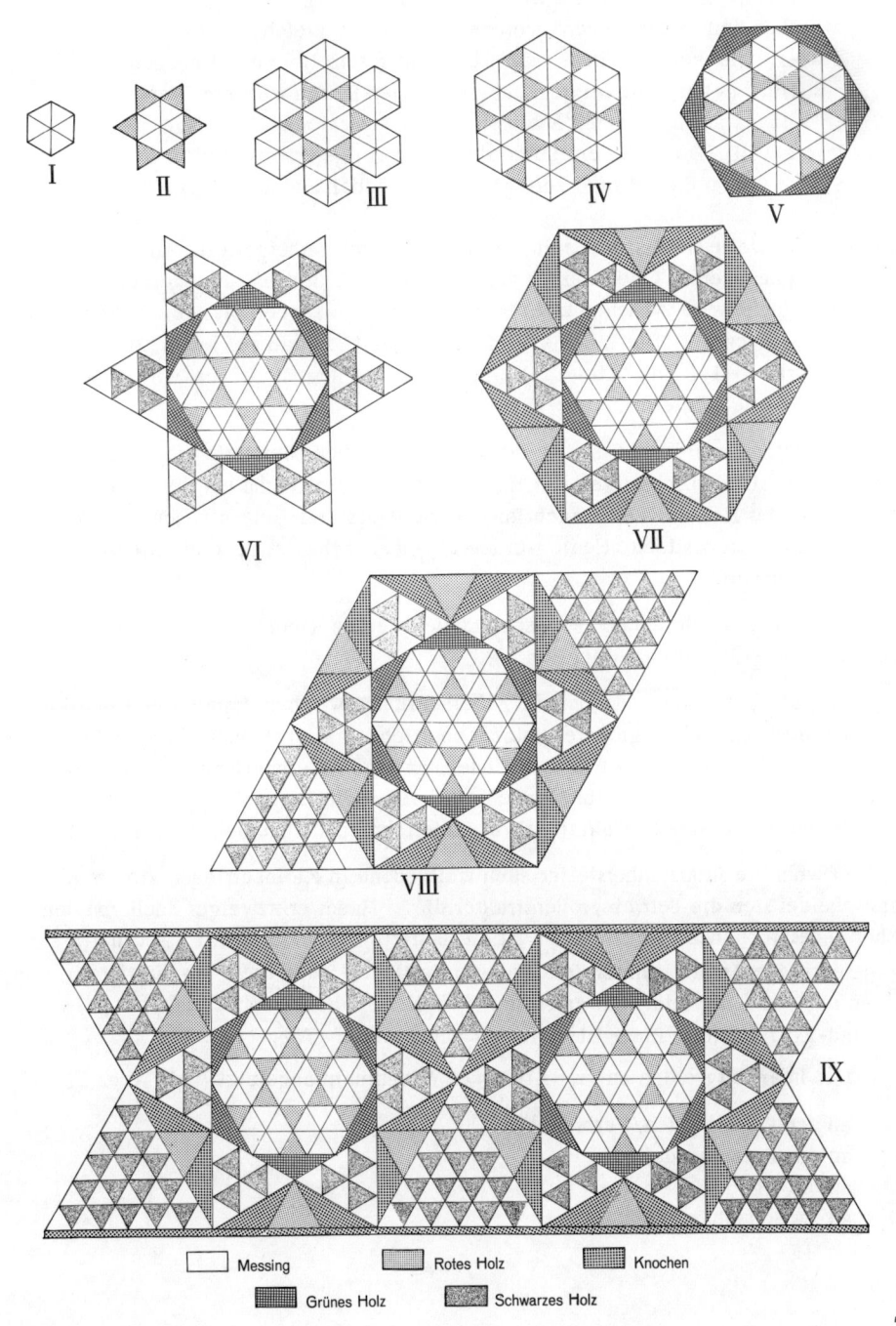

Messing Rotes Holz Knochen
Grünes Holz Schwarzes Holz

verleimt, so daß ein sechseckiges Prisma entsteht (IV). An dessen Seiten werden grüne dreiseitige Holzprismen mit breiter Basis angebracht (V), an das neu entstandene Sechseckprisma aus Messing und aus schwarzem Holz zusammengesetzte Dreieckprismen (VI). Die Räume zwischen den "Sternzacken" werden durch je ein gleichseitiges und zwei gleichschenklige Dreiecksprismen aus rotem Holz und Knochen ausgefüllt (VII). An zwei gegenüberliegenden Seiten wird ein Dreiecksprisma aus 36 Prismen aus Messing und schwarzem Holz angeleimt (VIII). Dieses 30 cm lange rhombenförmige Prisma wird in 5 Stücke von je 6 cm Länge zersägt, diese nebeneinander geklebt (IX).

Auf ähnliche Weise werden Intarsien mit anderen Mustern hergestellt. Im folgenden Arbeitsgang werden Querschnitte des Prismas von 2-3 mm Stärke gesägt. Jedes dieser Stücke wird zwischen zwei Bretter (meist aus Pappelholz) geleimt und fest zusammengepreßt. Die Intarsie wird nun halbiert, so daß auf jedem Brett die Intarsienstärke 1 - 1,5 mm beträgt. Die Rückseite des Intarsienträgers wird gebeizt und auf das Skelett geleimt.

Die Intarsie wird mit Streifen aus Plastik, Knochen oder Holz eingefaßt. Zum Schluß feilt und schmirgelt der Handwerker die Oberfläche und ölt sie ein. Zum Schutz des Holzes werden auch Innen- und Rückseiten eingeölt, auch wenn sie keine Intarsien besitzen. Heute werden die Oberflächen z.T. auch mit farblosem Lack behandelt.

Außer den beschriebenen Flächenintarsien werden Randintarsien hergestellt. Die Vorgehensweise ist dabei ähnlich.

Bis auf die schon angesprochene Arbeitsteilung zwischen Tischler und Intarsienhersteller, die sich in größeren Intarsienbetrieben auf einer betrieblichen Ebene, in anderen Fällen zwischenbetrieblich findet, ist eine Arbeitsteilung am Produkt nicht anzutreffen. Allerdings sind manche Intarsienhersteller auf bestimmte Designs und/oder auf bestimmte Produktarten wie Bilderrahmen, Schachteln spezialisiert.

Obwohl die Intarsienhersteller auch weitgehend in Kleinbetrieben arbeiten, unterscheidet sich die Betriebsgrößenstruktur dieses Handwerkszweiges doch von den bisher angesprochenen. Am stärksten ist die Betriebsgrößenklasse mit 3 Beschäftigten besetzt. Sie umfaßt immerhin 31% aller Betriebe, 5 und mehr Beschäftigte weisen noch 14% der Intarsienwerkstätten auf. Nur 80 der 81 Betriebsinhaber gel- als ostad-kar (Meister). Einer ist einfacher Facharbeiter (Tab. 14).

Die Intarsien werden an vier Arten von Abnehmern abgesetzt (vgl. Abb. 16):

a)   an den Privatkunden/Verbraucher
b)   an den Einzelhandel
c)   an die IHO
d)   an Zwischenhändler

Tabelle 14:   Zahl der Betriebe mit Intarsienherstellung in Esfahan 1975
              nach Zahl der Beschäftigten

Zahl der Betriebe mit Beschäftigten												Gesamtzahl der Betriebe	Beschäftigten
1	2	3	4	5	6	7	8	9	10	11	12		
khatam-Hersteller													
10	20	25	15	3	5	2	-	-	-	-	1	81	256

Quelle: SCI: Zählung der Betriebe des Landes, H. 719 b, Tehran 1975.

Besonders die Betriebe entlang der Chahar Bagh und am Meydan-e-Shah (Meydan-e-Naqsh-e-Jahan) sind vor allem auf in- und ausländische Touristen, die in erster Linie als Einzelkunden in Frage kommen, ausgerichtet: in manchen Werkstätten wird ein Vorraum als Laden genutzt, in anderen stehen Vitrinen, die mit Intarsienarbeiten bestückt sind (40).

Der Anteil der direkt an Verbraucher abgesetzten Gegenstände ist jedoch erstaunlich gering. Er macht nur ca. 4% des Gesamtwerts der Produktion aus (IHO 1977: 23). Eine Rolle hierbei mag spielen, daß viele Betriebe diese Kundengruppe nicht erreichen, da ihr Geschäft abseits der Touristenströme liegt. Gerade diese Handwerker geben daher ihre Erzeugnisse häufig an einen Hersteller mit einem günstig gelegenen Ladenlokal oder an einen Einzelhändler ab - zu einem Preis, der beträchtlich unter dem Preis bei Direktverkauf liegt.

Ein ebenfalls bedeutender Abnehmer der khatam-Hersteller ist die in Kap. 1.2.3 angesprochene Genossenschaft. Zusammen mit den Einzelhändlern vermarktet sie etwa 86% der Produktion. Allerdings wickeln nur die Mitglieder der Genossenschaft einen Teil ihres Absatzes über diesen Kanal ab. Sie sind verpflichtet, jeweils mindestens 10% ihrer Erzeugnisse an ihre Organisation abzugeben, wobei der Preis, den diese zahlt, 10-15% oder mehr unter dem Verkaufspreis an den Privatkunden liegt. Zum Teil wohl wegen des niedrigen Preises verzichten die Handwerker i.d.R. darauf, abschließende Arbeitsschnitte wie Einölen oder Lackieren des Werkstücks durchzuführen. Diese Arbeiten müssen von der Genossenschaft, die eigene Arbeiter beschäftigt, nachgeholt werden. Die Genossenschaft gibt den Großteil dieser Waren mit einem Preisaufschlag von 10-15% plus der Kosten für zusätzliche Arbeitsgänge an die IHO weiter, einen Teil aber auch an den Einzelhändler.

Die IHO verkauft die Intarsien dann mit einem Aufschlag von 20-35% auf ihren Einkaufspreis in eigenen Läden in anderen Städten Irans und exportiert einen Teil der Erzeugnisse.

Der Verkauf an private Zwischenhändler, die auf kunsthandwerkliche Produkte spezialisiert sind und die Erzeugnisse vor allem in anderen iranischen Städten anbieten, ist ausgesprochen gering. Ein Spezifikum dieses Zwischenhandels ist, daß die Händler ein Produkt in eine, ein zweites in die entgegengesetzte Richtung vermarkten, so beispielsweise Bilderrahmen aus Esfahan in Shiraz und Kästchen aus Shiraz in Esfahan absetzen. Sie legen eine ähnliche Handelsspanne zugrunde wie die IHO, haben aber nur geringe Betriebskosten zu tragen (41), so daß sie recht hohe Reingewinne machen.

Zusätzlich zu diesen Möglichkeiten, bei denen die Intarsien in Esfahan ihre Besitzer wechseln, exportieren die Handwerker selbst einen Teil der Produkte: 7% der Erzeugnisse in andere Städte Irans, 3% ins Ausland, das ist das Zweieinhalbfache der auf direktem Wege an die Verbraucher abgesetzten Produktionsmenge. Anzumerken ist, daß einige wenige Hersteller mit bekannten Namen nur Bestellungen von Einzelkunden ausführen, einige andere arbeiten u.a. auf vertraglicher Basis für Einzelhändler bei Preisvorgabe.

Tabelle 15 gibt Ein- und Verkaufspreise der Esfahaner Händler für Intarsienbedarf an. Die Gewinne des Händlers sind von Produkt zu Produkt unterschiedlich. Da der Anteil der einzelnen Materialien am Gesamtbedarf unbekannt ist, läßt sich aus diesen Zahlen eine durchschnittliche Gewinnspanne nicht berechnen.
Auch ist dem Verfasser unbekannt, welche Intarsienfläche mit der jeweils angegebenen Einheit hergestellt werden kann. Die Materialkosten machen jedoch normalerweise nicht mehr als 10 - 30% des Verkaufspreises des Einzelproduktes aus.

Tabelle 15: Ein- und Verkaufspreise des Intarsienbedarfshandels (in Rial)

	Messing (pro kg) importiert	einheim.	Holz (pro Einheit^1)	Knochen (pro Einheit^2)	Plastik (pro kg)
Einkauf	200	150	180-240	350-400	180-220
Verkauf	290	240	250-300	420-450	200-250
Gewinn absolut	90	90	70/60	50/70	20/30
Gewinn %	31	37	28/20	17/11	10/12

1) Einheit Holz = 300 Prismen à 63 cm Länge
2) Einheit Knochen = 120 Prismen à 63 cm Länge oder 240 Prismen à 30-35 cm Länge

Quelle: eigene Erhebung 1978

Für die Betriebsinhaber, die Facharbeiter beschäftigen, entstehen außerdem Lohnkosten. 1977 wurden Löhne von 1.000 - 1.500 Rial pro Arbeiter und Tag gezahlt (42). Lehrlinge hatten sich allerdings mit einer Bezahlung zufrieden zu geben, die oft noch unter dem gesetzlich fixierten Mindestlohn von 170 Rial täglich lag. Um den Gewinn der Betriebe abschätzen zu können, müßte der Wert der Tagesproduktion pro Mann bekannt sein. Zwar lassen sich die Preise eines Werkstücks angeben (43), über die Produktivität liegen dem Verfasser jedoch keine Angaben aus eigener Erhebung vor (44).

Eine Berechnung der Produktivität und des Umsatzes der einzelnen Verteiler ist somit nicht möglich.

2.2.5 Teppichknüpferei

"Perserteppiche" - außer Öl eine der wichtigsten Devisenquellen der iranischen Volkswirtschaft -, stellen wohl das in Europa und Nord-Amerika bekannteste Erzeugnis persischen Gewerbefleißes dar.

Im Westen mit einem exklusiven Flair behaftet, sind Teppiche im Herkunftsland selbst bei fast allen Teilen der Bevölkerung als Sitz- und Schlafunterlage in Gebrauch und werden partiell - besonders in nomadischen Gruppen - vom Verbraucher selbst hergestellt. Trotzdem spiegelt auch hier die Art des Teppichs den Status des Besitzers wider.

Ihre enorme wirtschaftliche Bedeutung erhielt die Teppichproduktion seit Ende des 19. Jahrhunderts, als der europäische und amerikanische Markt sein Interesse für diese Produkte entdeckte, was schon bald Design und Organisation von Herstellung und Vermarktung beeinflußte (45) (vgl. z.B. EDWARDS 1953; WIRTH 1976).

In Esfahan und Umgebung gewann die Teppichfabrikation erst relativ spät, in den 20er Jahren dieses Jahrhunderts, größere Bedeutung und hatte, da völlig auf den europäischen Markt ausgerichtet, schwer unter den Folgen des Zweiten Weltkrieges zu leiden. Nur durch Umstellung auf den Tehraner Markt, zu dem sich später wieder der Export gesellte, konnte sie überleben (EDWARDS 1953: 308) (46).

Im Gegensatz zu den bisher angesprochenen Handwerkszweigen spielt die Teppichknüpferei auch - und bei Teppichen bestimmter Provenienzen gerade - im ländlichen Raum eine große Rolle. Diese ländliche Teppichproduktion ist organisatorisch zum großen Teil eng mit städtischen Instanzen verbunden. Eine Verengung des Blickwinkels auf die Fabrikation der Stadt Esfahan allein würde diese Verflechtungen - und damit einen wichtigen Aspekt - ausklammern. Daher soll im folgenden sowohl die Knüpferei in der Stadt Esfahan als auch in ihrem Umland sowie in weiteren Kleinstädten und Dörfern der Provinzen Esfahan und Bakhtiari (47) angesprochen werden, wobei z.T. allerdings nur noch schwache Ausrichtungen auf Esfahan deutlich werden. Berücksichtigt werden die Städte Na'in, Meymeh, Najafabad und Shahr-e-Kord und ihre Umländer (Abb. 18).

Abbildung 18: Teppichknüpferei in den Provinzen Esfahan und Bakhtiari: Lage der untersuchten Ortschaften

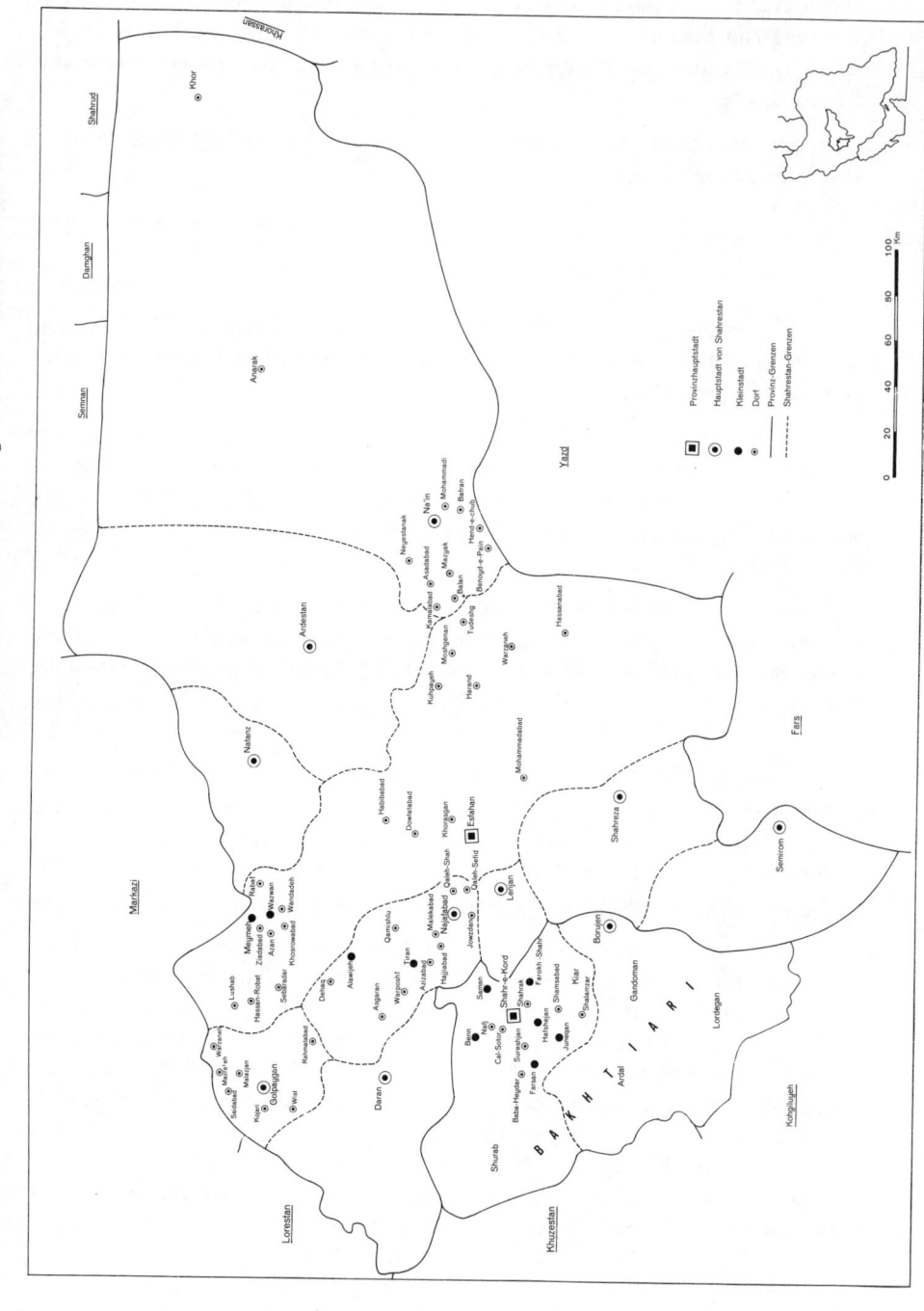

In Bakhtiari, um Shahr-e-Kord, besitzt die Teppichknüpferei - ausgeübt von einer nomadischen wie bäuerlichen Bevölkerung - Tradition. Die hohe Nachfrage auf dem Weltmarkt führte jedoch zu einer kräftigen Belebung, gleichzeitig aber auch zu einer gewissen Neuorientierung, was sich in der Übernahme neuer Designs (aus Hamadan und Najafabad) niederschlug.

In Meymeh, dem nördlichsten Teil des Esfahan-Shahrestans findet sich ebenfalls eine traditionelle, ländliche Teppichproduktion. Die geknüpften Muster sind für das Gebiet charakteristisch und stammen aus dem Ort Jowsheqan, wo sie seit mehreren Jahrhunderten durchgängig geknüpft werden (EDWARDS 1953: 312-314).

In der weiteren Umgebung Esfahans wie Najafabad dagegen ist die Teppichknüpferei eine relativ rezente Erscheinung und ihr Aufkommen mit der steigenden Nachfrage zu Beginn dieses Jahrhunderts verbunden. Sie stellte eine von Esfahan ausgehende Innovation dar, woraus eine recht enge Bindung an die Provinzhauptstadt - auch was das Design betrifft - resultierte. Nach mündlicher Mitteilung richteten um die Jahrhundertwende zwei Personen aus Esfahan und Najafabad in Najafabad eine Teppichmanufaktur ein. Die Teppichfabrikation breitete sich mittels Verlagssystem schnell auch innerhalb der bäuerlichen Bevölkerung aus, da die Wasserversorgung (vgl. HARTL 1979) in trockenen Jahren ungesichert war und der Zu- und Ersatzerwerb den Bedürfnissen der Familien entgegenkam.

Noch jünger als in Najafabad ist die Teppichherstellung in Na'in, einem der heute bekanntesten Knüpfzentren Persiens. Auch hier fand (ca. 130 km E der Provinzhauptstadt) eine Orientierung an Esfahaner Mustern statt, die Aufnahme der Produktion setzte jedoch 1921 in einer kleinen Manufaktur ein, die von einem Einheimischen eingerichtet worden war (48). Knüpfer waren Frauen, die sich vorher mit der Herstellung geknüpfter Mäntel (aba) beschäftigt hatten. Die Na'iner aba-Knüpferinnen sattelten in großen Zahlen auf das neue Tätigkeitsfeld um, als mit der Kleiderordnung Reza Shahs das Tragen dieser Mäntel verboten wurde. Auch das Na'iner Umland wurde bald in die Produktion einbezogen.

Golpaygan ist in enger Nachbarschaft zur Knüpfregion von Arak gelegen (vgl. EDWARDS 1953: 138). Seine Teppichfabrikation dürfte von dorther - weniger von Esfahan - beeinflußt worden sein. Über Alter und Entstehungsbedingungen der dortigen Knüpferei liegen dem Verfasser keine Angaben vor. Die Teppichknüpferei von Golpaygan wird im folgenden nur randlich berücksichtigt.

Die Erzeugnisse der einzelnen Knüpfregionen unterscheiden sich voneinander durch Design, Größe und verarbeitetem Material (49).

Als Rohmaterial dienen Wolle, kork (Unterwolle der Ziege) und Seide für den Flor, Wolle, Baumwolle oder auch Seide für die Kett- und Schußfäden des Grundgewebes.

Tabelle 16: Anzahl der Zulieferbetriebe, Teppichknüpfereien und Betriebe des Teppichhandels in ausgewählten Orten der Provinzen Esfahan und Bakhtiari

Ort	Teppich-knüpferei		Woll- und Seidenhandel		Wollhandel (Rohwolle)		Wollspinnerei		handwerkl. Baumwollsp.		Färberei	
	Werkst.	Besch.	Werkst.	Besch.	Werkst.	Besch.	Werkst.	Besch.	Werkst.	Besch.	Werkst.	Besch.
Esfahan	15086	17594	13	115	19	134	35	457	135	203	47	118
Doulatabad	770	117	-	-	-	-	-	-	-	-	-	-
Dastgerd	241	328	-	-	-	-	-	-	8	10	-	-
Homayun-Shahr	1363	1794	4	6	11	15	590	705	32	32	-	-
Khourasgan	1003	1457	5	9	-	-	-	-	-	-	-	-
Gaz	714	966	-	-	-	-	-	-	-	-	-	-
Falawarjan	356	533	-	-	-	-	-	-	-	-	-	-
Mobarekeh	783	999	3	6	2	4	-	-	-	-	2	4
Zarin-Shahr	1614	2463	9	12	-	-	-	-	46	49	2	6
Dorcheh	1257	1592	3	3	-	-	-	-	108	108	-	-
Warnamkhast	323	430	-	-	-	-	-	-	-	-	-	-
Qadrejan	1580	1927	1	1	-	-	-	-	-	-	-	-
Najafabad	6063	8233	75	87	3	6	4	7	121	197	55	129
Tiran	1010	1112	-	-	-	-	-	-	-	-	-	-
Allawijeh	94	158	-	-	-	-	-	-	-	-	-	-
Ardestan	357	437	-	-	-	-	-	-	-	-	-	-
Na'in	253	280	12	15	-	-	-	-	-	-	11	19
Semirom	298	529	-	-	-	-	161	164	-	-	-	-
Natanz	263	358	2	2	-	-	-	-	-	-	-	-
Golpaygan	847	976	7	10	2	2	442	443	-	-	5	11
Khounssar	342	490	39	46	29	37	934	1044	-	-	10	24
Daran	153	223	1	1	-	-	3	3	-	-	-	-
Fereydun-Shahr	558	886	3	5	-	-	-	-	62	63	-	-

Ort	Teppich-Flickerei Werkst.	Besch.	Teppich-Designer Werkst.	Besch.	Teppich-Werkzeuge Werkst.	Besch.	Gelim-weberei Werkst.	Besch.	Teppich-händler Werkst.	Besch.
Esfahan	30	72	92	236	27	43	193	276	402	755
Doulatabad	-	-	-	-	-	-	3	8	-	-
Dastgerd	-	-	-	-	-	-	14	27	2	4
Homayun-Shahr	-	-	9	12	5	8	5	7	23	38
Khourasgan	-	-	-	-	-	-	-	-	3	3
Gaz	-	-	-	-	-	-	-	-	-	-
Falawarjan	-	-	-	-	-	-	-	-	4	5
Mobarekeh	-	-	-	-	-	-	-	-	6	14
Zarin-Shahr	-	-	4	6	-	-	-	-	14	27
Dorcheh	-	-	-	-	-	-	-	-	2	2
Warnamkhast	-	-	-	-	-	-	-	-	-	-
Qadrejan	-	-	-	-	-	-	-	-	2	3
Najafabad	6	16	45	89	31	63	-	-	100	157
Tiran	-	-	-	-	-	-	-	-	4	4
Allawijeh	-	-	-	-	-	-	-	-	2	2
Ardestan	-	-	2	2	1	1	-	-	1	3
Na'in	-	-	34	62	-	-	14	14	3	6
Semirom	-	-	-	-	-	-	17	25	-	-
Natanz	2	6	2	3	-	-	-	-	-	-
Golpaygan	-	-	5	10	2	2	-	-	41	61
Khounssar	-	-	-	-	-	-	-	-	25	37
Daran	-	-	-	-	-	-	-	-	3	3
Fereydun-Shahr	-	-	-	-	-	-	3	3	2	2

Ort	Teppich-knüpferei		Woll- und Seidenhandel		Wollhandel (Rohwolle)		Wollspinnerei		handwerkl. Baumwollsp.		Färberei	
	Werkst.	Besch.	Werkst.	Besch.	Werkst.	Besch.	Werkst.	Besch.	Werkst.	Besch.	Werkst.	Besch.
Shahreza	2079	2652	78	129	4	6	16	151	–	–	10	22
Dehaqan	509	630	4	4	–	–	1	19	–	–	–	–
Shahr-e-Kord	2297	2614	38	48	–	–	45	46	–	–	6	8
Farokh-Shahr	1366	1905	6	7	–	–	11	11	–	–	8	10
Juneqan	993	1486	11	12	–	–	11	12	–	–	–	–
Benn	786	1026	4	4	–	–	–	–	–	–	–	–
Hafshejan	282	261	–	–	–	–	11	11	–	–	–	–
Saman	936	1353	–	–	–	–	6	6	–	–	2	2
Farsan	426	918	–	–	–	–	44	46	–	–	–	–
Borujen	1034	1301	10	16	–	–	19	21	–	–	4	8

Ort	Teppick-Flickerei		Teppich-Designer		Teppich-Werkzeuge		Gelim-weberei		Teppich-händler	
	Werkst.	Besch.	Werkst.	Besch.	Werkst.	Besch.	Werkst.	Besch.	Werkst.	Besch.
Shahreza	1	12	–	–	–	–	–	–	65	125
Dehaqan	–	–	–	–	–	–	2	2	4	5
Shahr-e-Kord	1	1	–	–	3	3	–	–	30	42
Farokh-Shahr	–	–	–	–	2	2	–	–	4	5
Juneqan	–	–	–	–	–	–	–	–	5	8
Ben	–	–	–	–	–	–	–	–	3	3
Hafshejan	–	–	–	–	–	–	–	–	3	3
Saman	–	–	–	–	2	2	3	3	2	4
Farsan	–	–	–	–	–	–	–	–	7	7
Borujen	–	–	–	–	2	2	10	10	22	33

Quelle: SCI: Zählung der Betriebe des Landes. Tehran 1975 b.

Schafwolle, die weitgehend aus dem Inland stammt, ist das für den Flor üblichste Material und wird z. T. - bei relativ grober Knüpfware - auch für die Kette benutzt (50). Kork, die feine Unterwolle der Ziege von Bauch und Hals, wird in nur geringem Umfang in Teppichen verarbeitet. Das Material ist weicher und dünner als Wolle und wird daher nur für sehr feine Stücke verwendet. Wolle und kork müssen einen relativ aufwendigen Reinigungsprozeß durchlaufen, um Mottenfraß am späteren Teppich weitgehend auszuschließen (51).

Baumwolle wird nur für das Gewebe, nicht für den Flor, benötigt. Der Bedarf der Teppichknüpfereien wird aus inländischer Produktion gedeckt. Wie auch bei Wolle werden bei Rohbaumwolle die Fasern durch Schlagen voneinander gelöst, bevor sie zu Garn versponnen werden können.

Seide wird sowohl für den Flor als auch für das Gewebe benutzt, allerdings nur bei ausgesprochen teuren Teppichen. Neben importierter Seide aus China, Japan und Korea werden einheimische Fasern verarbeitet. Früher nur in Gilan und Kashan üblich, wird heute die Seidenraupe auch an anderen Orten, beispielsweise in Mashhad, Yazd und Esfahan gezüchtet. Die Verarbeitung zu Garn erfolgt in speziellen Seidenspinnereien.

Garn, das für die Kette verwendet werden soll, durchläuft andere Schritte der Weiterverarbeitung als das für den Flor bestimmte Material. Vor allem wird Kettgarn nicht gefärbt. Dafür erfordert es eine bestimmte Aufbereitung. Es wird in Schlingen entsprechender Größe gelegt, bevor es auf den Webstuhl gespannt werden kann (vgl. WULFF 1966: 198, 214 f.).

Für den Flor des Teppichs wird gefärbtes Material verwendet. Neben Farben auf pflanzlicher Basis (52) sind seit dem 19. Jahrhundert importierte synthetische Farben im Gebrauch, die wegen der kürzeren Färbezeit (1-2 Std.), der breiteren Farbpalette und der einfacheren Verarbeitung rasch die Naturfarben verdrängten. Obwohl synthetische Farben heute lichtecht sind, hat die Nachfrage des Weltmarkts dazu geführt, daß sich Naturfarben immer noch in geringem Umfang halten konnten (vgl. hierzu BENNET 1974: 25; WARZI 1976: 24).

Zum einen ist es möglich, daß fast sämtliche Arbeitsschritte der Rohstoffgewinnung und Aufbereitung vom Knüpfer selbst vorgenommen werden, zum anderen mögen aber auch die Rohstoffe die verschiedensten Hände, spezialisierte Handwerker und Händler, durchlaufen, bevor sie den Knüpfer erreichen.

Städtische Knüpfer, sowohl in Esfahan wie in den Kleinstädten des Untersuchungsgebiets, sind beim Bezug ihres Rohmaterials auf den Handel angewiesen. Ein Teil der Wolle (und kork) stammt aus dem Um- und Hinterland der genannten Knüpfzentren.

Besonders in Bahktiari, in geringerem Umfang auch in Meymeh (sowie in anderen nichtgenannten Teilen der Provinz Esfahan), existiert eine mehr oder weniger bedeutende Kleinviehhaltung, durch die der lokale Markt mit Rohwolle beschickt wird. Sie wird z. T. in den Dörfern von ambulanten Händlern (pilehwaran) aus verschiedenen Städten (53) aufgekauft oder an Händler im jeweiligen städtischen Zentrum wie Shahr-e-Kord, Homayun-Shahr oder Shahreza in Bakhtiari oder Wazwan und Meymeh im Meymeh-Bakhsh abgegeben.

Von pilehwaran, kleinstädtischen Händlern oder auch über eigene Vertreter beziehen Esfahaner Wollgroßhändler ihre Waren, daneben aber auch vom Großhandel der Städte anderer iranischer Provinzen, z.B. aus Kerman, oder als Direktimporte aus dem Ausland. Dieser Großhandel beliefert den Esfahaner Einzelhandel, von dem der Verbraucher seine Rohstoffe beziehen kann (Abb. 19).

Einige Wollgroßhändler aus Tehran u.a. wenigen Städten liefern direkt, ohne Einschalten des Esfahaner Großhandels, an die Einzelhändler. Sie besitzen eigene Vertretungen, die die Geschäfte abwickeln.

Ein Teil der Waren des Esfahaner Großhandels fließt in die Klein- und Mittelstädte des Hinterlandes zurück, die in den entfernter gelegenen Knüpfzentren allerdings nur z. T. aus Esfahan, z. T. auch vom Großhandel von Städten wie Qom und Kashan beliefert werden. In Meymeh beispielsweise übernehmen die letztgenannten Orte den Hauptanteil der Rohstoffversorgung.

Der skizzierte Weg der Wolle wird in der Regel durch die Einschaltung weiterer Zwischenhändler und dallal verlängert. Zum Teil vermitteln dallal Geschäfte zwischen Kaufleuten, die nur formell abgewickelt werden, ohne daß der eine Geschäftspartner jemals die Waren übernimmt, die er mit einem Preisaufschlag weiterverkauft. Der Umstand, daß das Rohmaterial von Hand zu Hand geht, verteuert es erheblich, schlägt doch jeder der Partizipanten mindestens 5 - 10%, z. T. bis zu 20% des Einkaufspreises beim Weiterverkauf auf.

Die Weiterverarbeitung der Rohwolle kann zwischen die verschiedensten Stellen des Rohstoffhandels eingeschaltet werden. Hauptgewerbliche Spinnereien existieren vor allem in Bakhtiari, daneben auch in Golpaygan, Khounssar, Semirom und Homayun-Shahr. Sie besitzen jedoch fast immer jeweils nur ein oder zwei Beschäftigte - die hohen Zahlen der Kleinstbetriebe (vgl. Tab. 16) deuten wohl auf eine traditionelle Wollverarbeitung hin. Fabrikmäßige Wollspinnerei findet sich in den Provinzen Esfahan und Bakhtiari - soweit die Ergebnisse der Betriebszählung von 1975 (SCI: 1975 b) veröffentlicht sind - nur in den Städten Esfahan, Shahreza, Homayun-Shahr und Khounssar (54). Das Verspinnen der Wolle wird vor allem auf der Ebene des Großhandels zwischengeschaltet.

Das Färben der Wolle kann nach jedem Stadium der Vermarktung erfolgen, sobald sie gesponnen ist, selbst erst im Auftrag des einzelnen Knüpfers. Die Färbereien ziehen jedoch die Arbeit für Händler oder Großproduzenten vor, da sie größere Mengen verarbeiten können.

Färbereien, meist kleine Betriebe mit einem oder nur wenigen Handwerkern, sind vor allem in Najafabad und Esfahan zahlreich. Andere Orte in den Knüpfgebie-

Abbildung 19: Rohstoffbezug der Teppichknüpfer

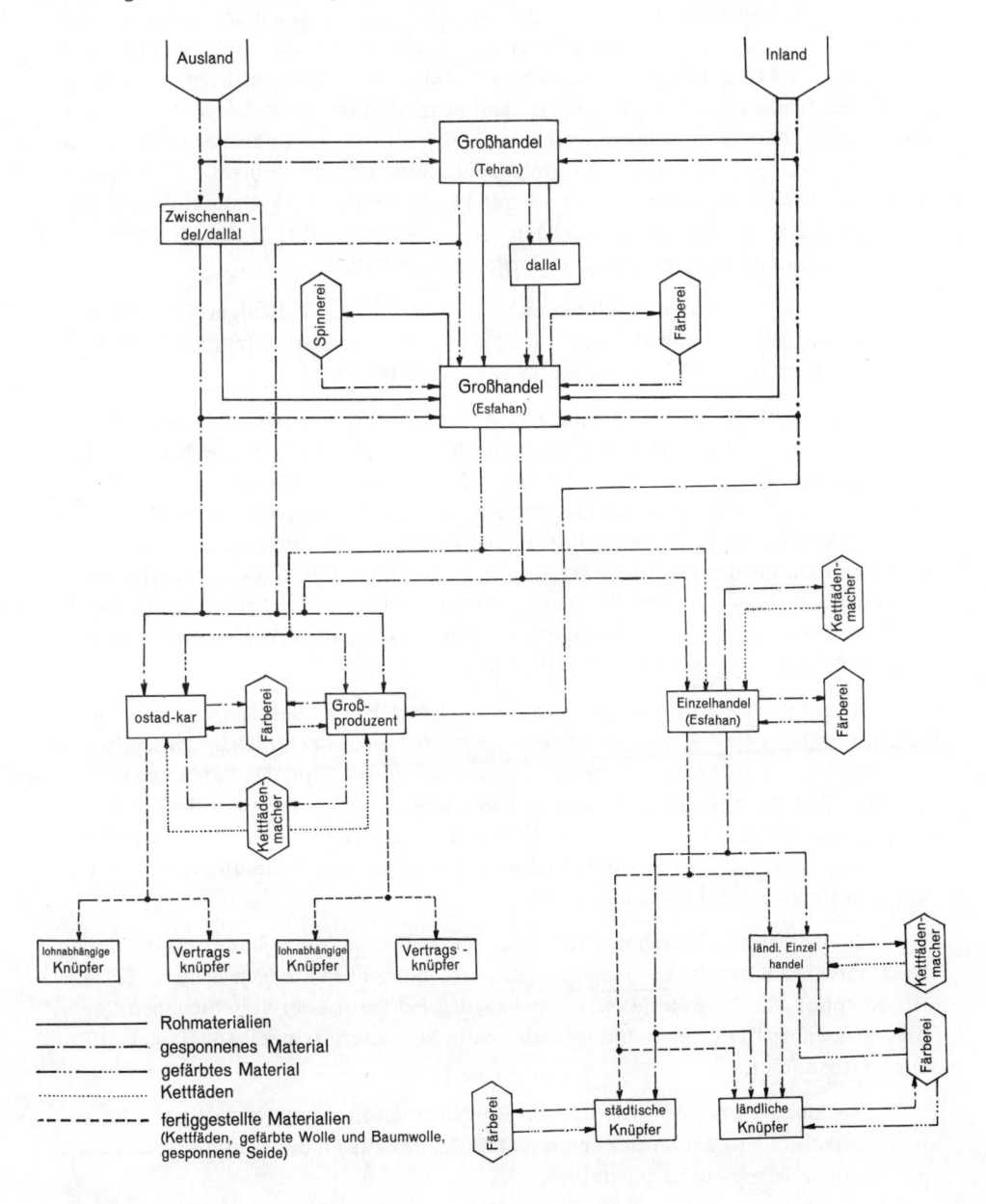

ten besitzen zwar auch eigene Färber, aber in weitaus geringerer Zahl (vgl. Tab. 16). Dies ist zum einen eine Folge der Nachfrage aufgrund der hohen Knüpferzahlen in Esfahan, zum anderen wird in manchen Gebieten wie Bakhtiari und Meymeh dieser Arbeitsgang oft von den Knüpfern selbst ausgeführt, drittens versorgt aber auch Esfahan sein Um- und Hinterland zumindest teilweise mit Material, wobei dann das Färben der Rohwolle wohl meist im Auftrag des Esfahaner Großhandels ausgeführt wird, bevor dieses vom groß- oder kleinstädtischen Einzel- oder Zwischenhandel abgenommen wird. In einigen Fällen betreiben die Färber einen eigenen Rohstoffhandel, was es dem Kunden u.U. möglich macht, Wolle gleicher Farbe nachzukaufen, wenn er mit zu knappen Mengen kalkuliert hat.

Beim Stammkunden gewähren auch die Färber einen Zahlungsaufschub von einem oder mehreren Monaten. Als weitere Materialien werden Baumwolle und von den Knüpfern in Esfahan und Na'in Seide verarbeitet.

Handwerkliche Baumwollspinnereien, weitgehend Ein- oder Zweimannbetriebe, sind in Esfahan und Najafabad sowie in Dorcheh (Shahrestan-e Falawarjan) und in geringerer Zahl in vier weiteren, in Tabelle 16 aufgeführten Ortschaften angesiedelt. Diese Betriebe führen Arbeiten im Auftrag von Groß- oder Einzelhändlern durch, die Rohbaumwolle auf- und Baumwollgarn verkaufen. In Esfahan bestehen darüber hinaus elf Großbetriebe mit zusammen fast 3.000 Beschäftigten, die wohl den überwiegenden Teil der in der Provinz Esfahan verarbeiteten Baumwolle ausstoßen. Sie kaufen das Rohmaterial selbst ein und verkaufen das Garn an den Großhandel, der es - soweit notwendig - färben läßt.

Rohseide wird entweder von den Erzeugerbetrieben an Seidenspinnereien gegeben und anschließend an den Großhandel abgesetzt, oder der Großhändler kauft selbst Rohseide ein, läßt sie verspinnen und verkauft das Garn. Da Seide nur in zwei der fünf Knüpfregionen verwendet wird, führen auch nur die Kaufleute in Esfahan und Na'in das Material. Der Na'iner wie der Esfahaner Großhandel bezieht seine Ware von Kashaner Rohstoffhändlern und ausländische Seide direkt aus Tehran und gibt sie an den Einzelhandel weiter.

Die Färbereien beziehen ihre Farben für Wolle, kork und Seide von speziellen Textilfarbenhändlern (tajer-e-rang) in Esfahan, bei großen Mengen auch in Tehran. Die Knüpfer, die ihr Material selbst färben, kaufen Farben bei verschiedenen Gemischtwarenhändlern (saqat-forushi) oder beim Rohmaterialeinzelhandel, der z.T. auch Farben führt.

Nochmals zu betonen ist, daß der Esfahaner Rohstoff(groß)handel nicht für alle kleinstädtischen Händler der untersuchten Knüpfregionen die dominierende oder gar alleinige Bezugsquelle darstellt:

a) In Najafabad beziehen die Kaufleute Wolle und kork z.T. direkt aus dem Umland, daneben aus Esfahan, Homayun-Shahr, Yazd, Qom und Kashan, Baumwolle meist aus Esfahan, daneben aus Kashan (vgl. Abb. 21). Auch in

Abbildung 20: Bezug von Wolle und Baumwolle im Umland von Shahr-e-Kord

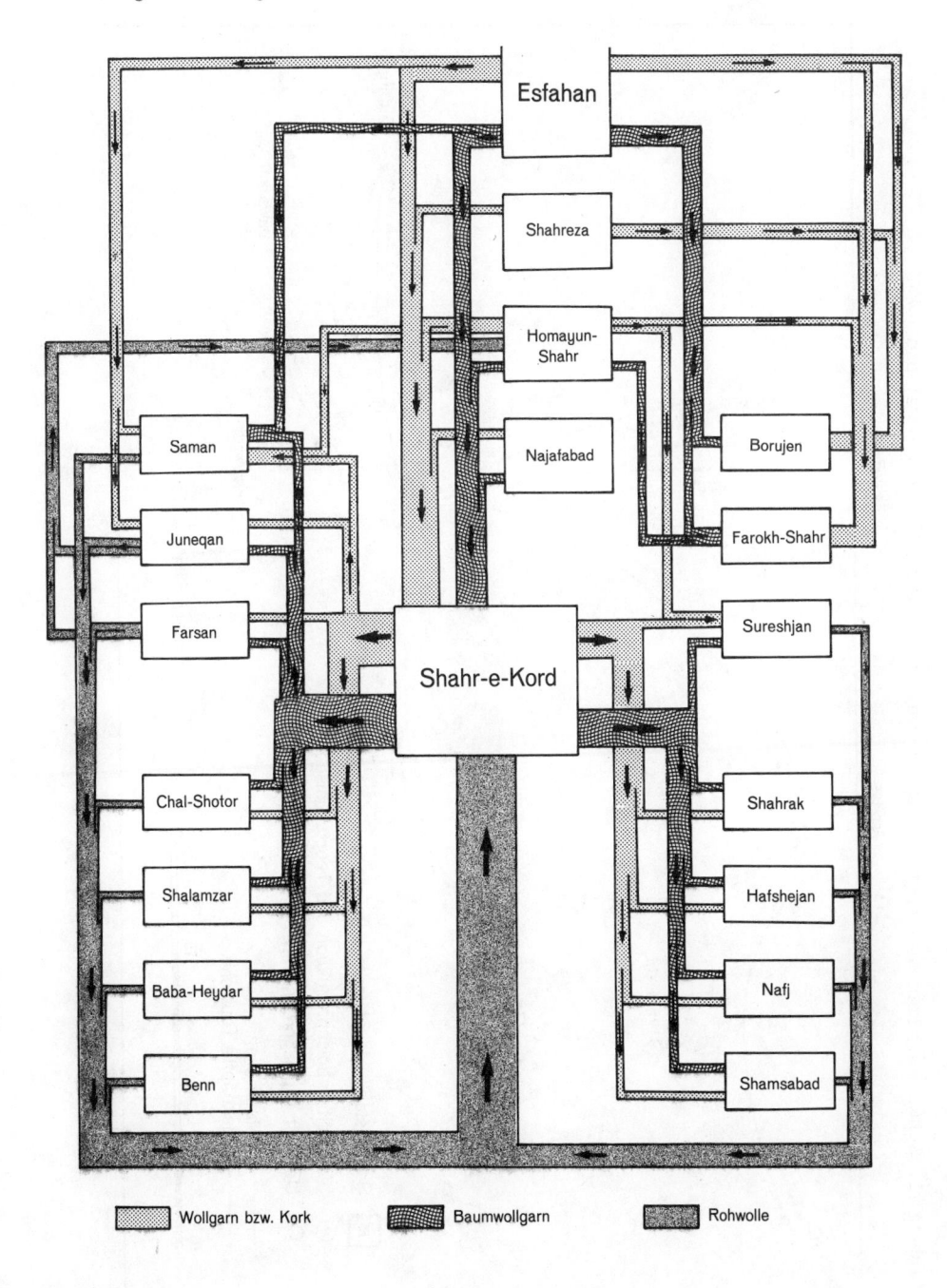

Abbildung 21: Schema der Rohmaterial- und Teppichvermarktung im Umland von Najafabad

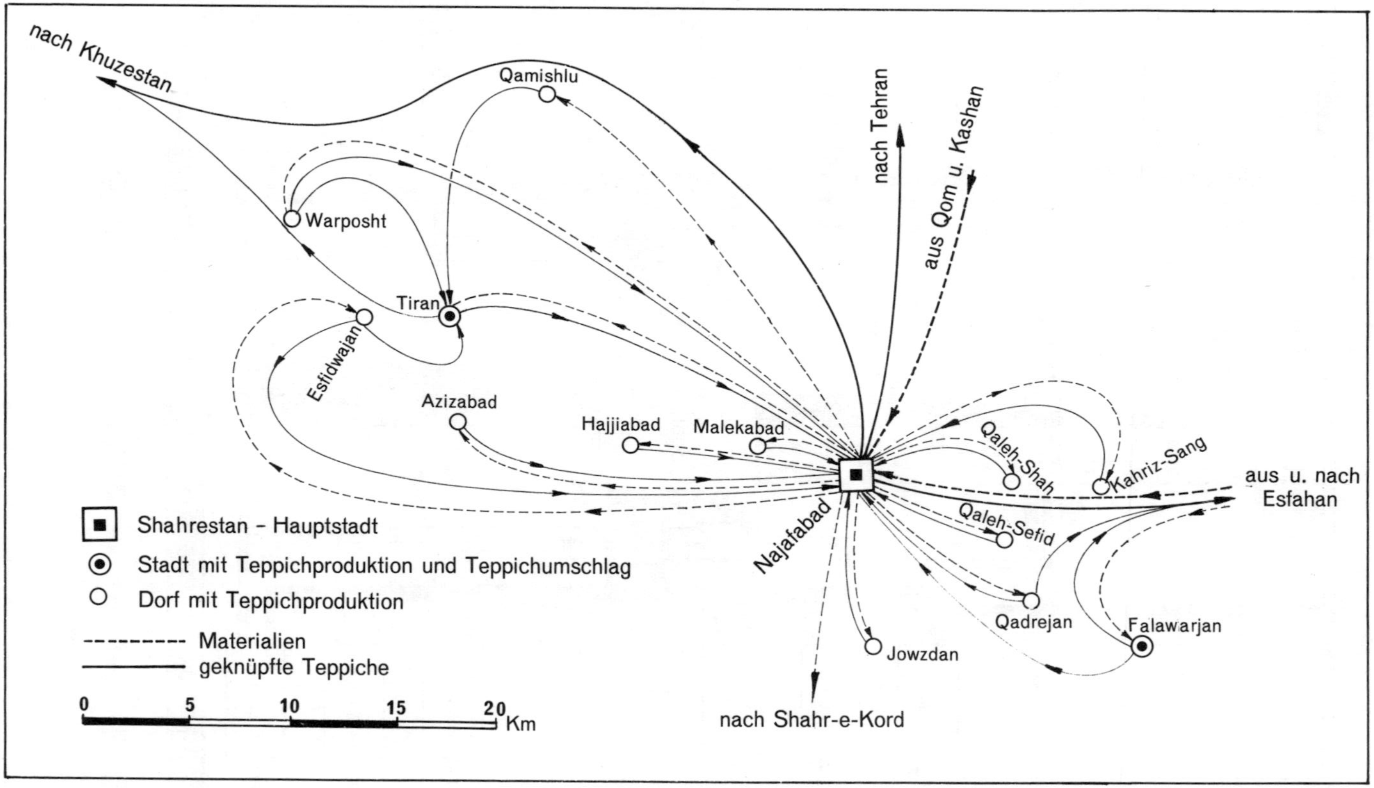

Shahr-e-Kord spielt bei Wolle und kork das Umland als Lieferant die größte Rolle, zusätzlich wird das Material aus Esfahan, Homayun-Shahr und zum kleinen Teil aus Najafabad und Shahreza bezogen. Baumwolle stammt aus Esfahan, daneben auch aus Homayun-Shahr und Najafabad (vgl. Abb. 20).

b) In Meymeh kaufen die Rohstoffhändler Wolle und Baumwolle in Qom und Kashan, zum kleinen Teil auch in Esfahan ein (Abb. 22), und

c) die Na'iner Händler kaufen Wolle außer in Esfahan in Yazd und Harand, Baumwollgarn in Harand, Kashan und Esfahan und Seide in Kashan bzw. Tehran (vgl. Abb. 23). Golpaygan wird mit Wolle aus seinem Umland, daneben aus Qom, Kashan, Najafabad und Esfahan, mit Baumwolle aus Najafabad, Esfahan und Qom versorgt.

Die ländlichen Knüpfer beziehen ihr Material teils über einen längeren Weg als die städtischen, teils aber auch über einen sehr viel kürzeren: Soweit die Knüpfer eine eigene Kleinviehhaltung betreiben, liefert diese Quelle u.U. einen Teil oder auch den gesamten Bedarf an Wolle. Dies ist vor allem in Bakhtiari der Fall, in geringerem Umfang aber auch in Meymeh und Golpaygan. Die Knüpfer reinigen und verspinnen die Wolle und färben sie z.T. auch selbst, in Bakhtiari vorwiegend mit natürlichen Farben. Bei nicht ausreichender eigener Produktion wird oft Rohwolle zugekauft, die wie die eigene verarbeitet wird. Gelegentlich lassen diese Knüpfer ihre Wolle auch in dörflichen oder (klein)städtischen Färbereien färben, vor allem bei bestimmten Tönen (Indigo), bei denen der Färbeprozeß sehr kompliziert ist.

Den Kleinviehbesitzern steht jedoch die Möglichkeit offen, ihre Rohwolle zu verkaufen und wie andere Knüpfer ihr Material von Händlern zu beziehen. In manchen Fällen können sie bei ihren Händlern Rohwolle gegen gesponnene und gefärbte Wolle eintauschen, wobei deren Preis nicht nur durch die Kosten für die ausgelagerten Arbeitsschritte, sondern auch durch die Gewinnspannen der einzelnen Händler, die das Material umschlagen, verteuert (55) und das Rohmaterial zu einem geringeren als dem Marktpreis in Zahlung genommen wird. Daher ist dieser Tauschhandel nicht besonders häufig.

Die Knüpfer, die auf den Ankauf ihres Materials angewiesen sind, beziehen dieses z.T. von ambulanten oder seßhaften dörflichen Händlern. Die Preise, die diese verlangen, sind entsprechend hoch. Die Knüpfer haben jedoch den Vorteil, Kredit zu erhalten, da sie die Händler persönlich kennen. Wird das Material in einem der städtischen Zentren eingekauft, besteht diese Möglichkeit in der Regel nicht. Hierbei ist für die Knüpfer der Einkauf in einer der Kleinstädte der Provinz, wie aus dem oben Gesagten ersichtlich, immer noch mit relativ hohen Materialkosten verbunden. Die zusätzlichen Gewinnspannen der kleinstädtischen Händler können bei einem Direkteinkauf in Esfahan (oder auch Kashan und Qom) eingespart

Abbildung 22: Schema der Rohmaterial- und Teppichvermarktung im Umland von Meymeh

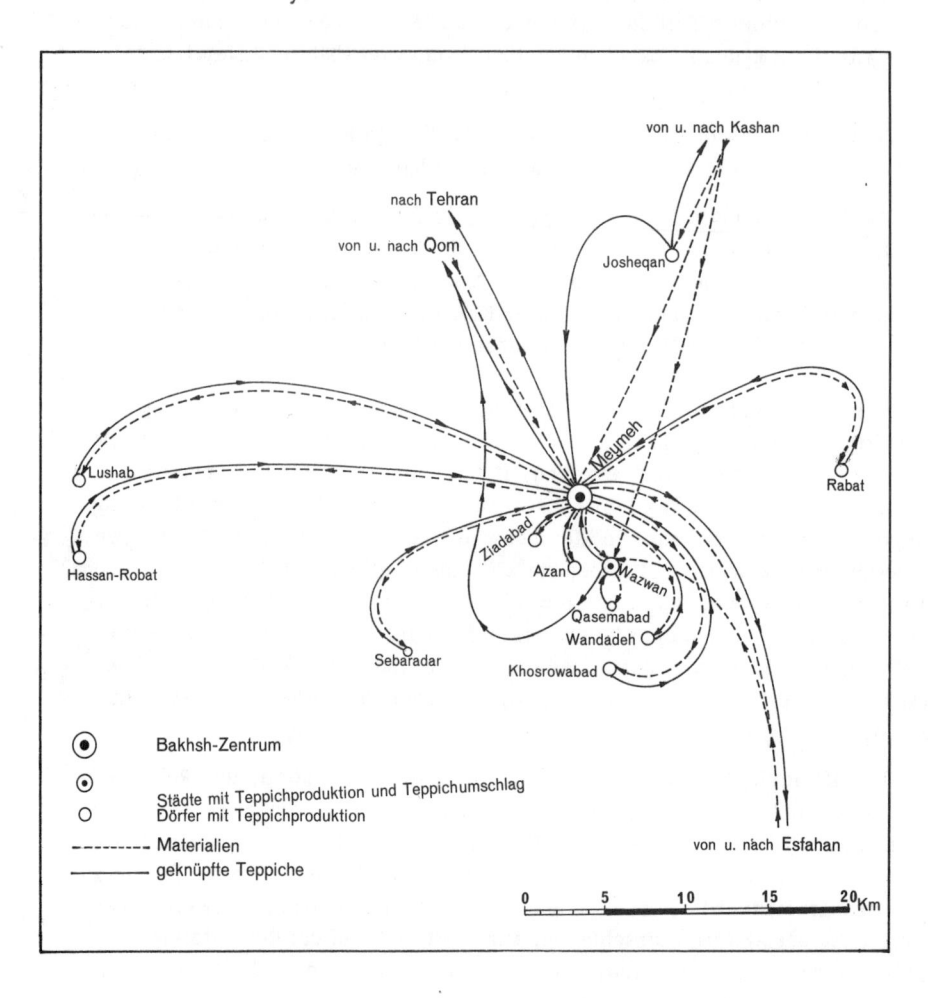

werden. Dies setzt allerdings einigermaßen günstige Verkehrsverbindungen voraus, die nicht überall gegeben sind, und lohnt sich nur, wenn größere Mengen eingekauft werden. In manchen Dörfern des Shahrestan-e-Na in beispielsweise ist es daher üblich, daß einzelne Knüpfer gegen eine Aufwandsentschädigung die Besorgungen für mehrere Bekannte mit erledigen. Auch die Knüpfer aus Dörfern des Shahrestan-e Esfahan bedienen sich eines ähnlichen Weges oder wechseln sich bei der Besorgung ab.

In Esfahan, Najafabad und Homayun-Shahr existieren spezialisierte Handwerker, die "Kettfädenmacher", die Baumwollgarn zu Kettfäden der benötigten Länge aus-

Abbildung 23: Rohstoffbezug und Teppichvermarktung im Umland von Na'in

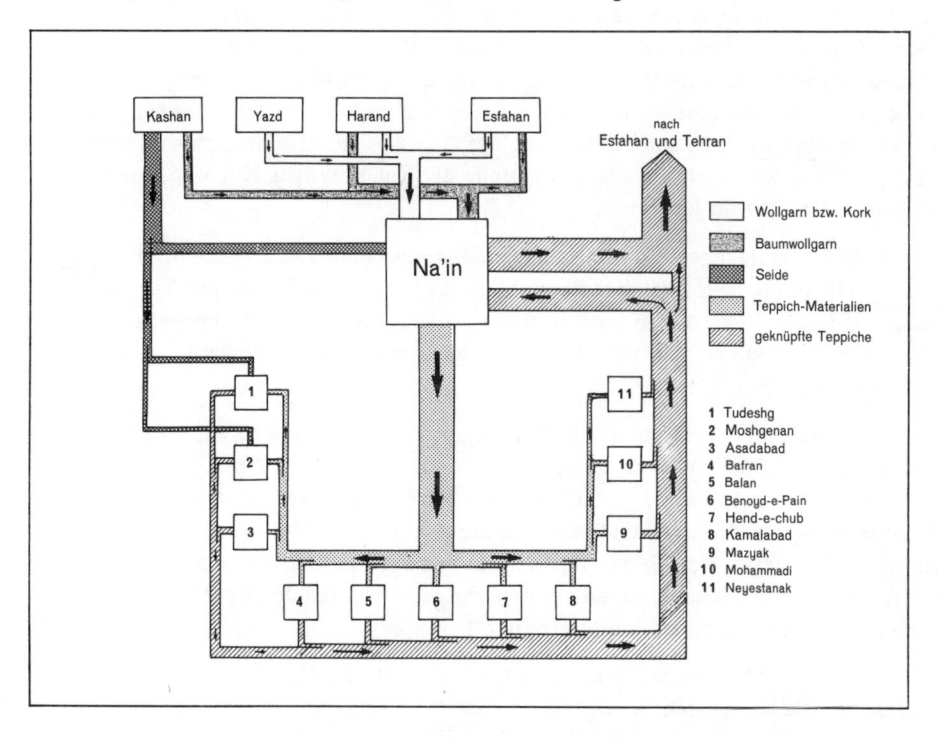

legen. In anderen Fällen stellen die Rohstoffhändler eine Arbeitskraft für diese Tätigkeit ab, so daß die Knüpfer die Wolle ausgelegt mit entsprechendem Preisaufschlag (s.u.) kaufen können. Die Kette muß dann auf den Webstuhl gespannt werden, was Kraft und Geschick erfordert, aber meist von den männlichen Mitgliedern der Knüpferhaushalte durchgeführt wird.

Gerade bei besonders feiner Wolle, wie sie in Na'in verarbeitet wird, ist eine hohe Kettfädendichte vonnöten, was das Aufspannen erschwert. Hier, wie z. T. auch in anderen Regionen, stellen die Weber deshalb gelegentlich Knüpfmeister an, die nicht nur das Auslegen und Aufspannen der Kette übernehmen, sondern zudem den Fortgang der Knüpfarbeit überwachen und teilweise auch die Abschlußarbeiten wie Abnahme vom Webstuhl, Scheren des Teppichs usw. übernehmen. Scheren und Reinigen der Teppiche werden in Esfahan und Najafabad auch von einigen spezialisierten Betrieben durchgeführt (vgl. Tab. 16).

Zusätzlich zum Rohmaterial werden für den Produktionsprozeß zum einen Werkzeuge, zum anderen Knüpfmuster, die den Knüpferinnen als Vorlage dienen, benötigt. Horizontale Webstühle, wie sie in Bakhtiari verwendet werden, werden neben anderem von dörflichen oder kleinstädtischen Tischlereien hergestellt (56).

Die komplizierteren senkrechten Stühle dagegen können nur von spezialisierten Webstuhl-Tischlern bezogen werden, die besonders in Esfahan, daneben aber auch in den Zentren der anderen Knüpfregionen anzutreffen sind. Der Preis auch eines senkrechten Webstuhls ist relativ gering. Er kostete 1978 zwischen 1.000 und 4.000 Rial. Die weiteren Werkzeuge, ein Messer zum Schneiden des Garns, ein Webkamm (daftin, dafi) zur Verdichtung des Gewebes, eine Schere zum Kürzen des Flors u.a., werden in Spezialgeschäften, die Knüpfereibedarf führen, angeboten und sind nicht sehr kostspielig.

Teuer sind dagegen die Musterkarten. Diese werden von Zeichnern (naqshehkesh-e qali) in eigenen Betrieben hergestellt, wobei zwei Zeichner pro Tag ein Design-Teil von 50 x 100 cm fertigstellen (57). Die Zeichner, oft Jugendliche, erhalten pro Person und Tag 100-150 Rial, der Betriebsinhaber verkauft ein solches Teil für 500-1.200 Rial.

Musterzeichner sind vor allem in Esfahan, Najafabad und Na'in, in geringerer Zahl auch in fünf weiteren Orten angesiedelt. Die geringe Zahl der Orte mag z.T. eine Folge davon sein, daß die Arbeit nach Design in Gebieten mit alter Knüpftradition wie Bakhtiari und Meymeh nicht weit verbreitet ist. Die Knüpferinnen reproduzieren hier die Muster, die sie von Kindheit auf durch Mitarbeit am häuslichen Webstuhl erlernt haben. In den übrigen Gebieten dominieren aber die wenigen genannten Zentren den Mustermarkt.

Die Entwürfe für neue Designs stammen von selbständig arbeitenden Designern, von denen nur sehr wenige in Esfahan tätig sind. Sie werden entweder von den Musterzeichnern aufgekauft, die sie in vielfacher Ausführung in Musterkarten übertragen und an die Knüpfer oder ostad-karan (s.u.) verkaufen, oder begüterte Privatkunden, ostad-karan oder Manufakturbesitzer kaufen ein Design und lassen es von Musterzeichnern auf die Knüpfvorlagen übertragen. Es kommt auch vor, daß Knüpfer ein Design nicht käuflich erwerben, sondern vom Designer für 1/5 bis 1/8 des Kaufpreises mieten. Der Knüpfer erhält dabei immer nur eine Musterkarte und tauscht diese nach einem bestimmten Zeitraum gegen eine weitere aus. So können zeitlich versetzt mehrere Knüpfer an Teppichen gleichen Musters arbeiten. Für einen Knüpfer, der mehrere Teppiche gleichen Designs herstellen möchte, ist diese Praxis allerdings unwirtschaftlich.

Die Knüpfer kommen mit den genannten Rohstoff- und Zubehörlieferanten nur in Kontakt, soweit sie selbständig, auf eigene Rechnung arbeiten. Neben der eigenständigen, hausgewerblichen Fabrikation ländlicher wie auch städtischer Knüpfer findet sich sowohl in der Stadt als auch auf dem Lande eine abhängige Heimindustrie sowie eine städtische Teppichmanufaktur. Die Art der Organisation bestimmt sowohl den Rohstoffbezug als auch den Absatz der Fertigprodukte und damit das Einkommen der einzelnen Knüpfer.

Als Hausgewerbe wird die Teppichknüpferei meist im Nebenerwerb von Angehörigen unterer Einkommensklassen betrieben, die zur Aufbesserung ihres Ein-

kommens auch die Arbeitskraft der Frauen und Mädchen nutzen müssen, soweit
sie die Mittel aufbringen, um die nötigen Materialien zu erwerben. In ländlichen
Räumen mit geringem Nutzungspotential nimmt sie allerdings auch die Rolle
eines Haupterwerbs ein. Männer betätigen sich im Rohstoffeinkauf, beim Montieren der Kettfäden und beim Verkauf des fertigen Stückes. Die Knüpfarbeiten
werden so gut wie ausschließlich von den weiblichen Personen des Haushalts ausgeführt (58), wobei Minderjährige von der Mutter oder älteren Schwester angeleitet werden. Mädchen erhalten oft einen eigenen Knüpfstuhl, sobald sie in der Lage
sind, selbständig zu arbeiten. Hieran arbeiten sie bis zu ihrer Hochzeit (59). Die
senkrechten oder (in Bakhtiari) waagerechten Webstühle sind dabei in einem Zimmer der Wohnung untergebracht, oft im Wohnraum, der relativ hell und warm ist
und wo die Kinder beaufsichtigt werden können, gelegentlich aber auch in Keller-
oder Lagerräumen, wo weit ungünstigere und infolge Dunkelheit, Kälte und Feuchte
oft ungesunde Arbeitsbedingungen gegeben sind.

Auch die Knüpferinnen, die für einen ostad-kar (Meister) arbeiten, tun dies
in ihrer Wohnung. Meist sind diese Familien nicht in der Lage, die nötigen Investitionen zu tätigen, so daß ihnen eine selbständige Arbeit unmöglich ist. Sie erhalten dann von einem ostad-kar Material und Design, gelegentlich selbst den
Webstuhl, dazu finanzielle Mittel, um Betriebsausgaben für Licht und Heizung begleichen zu können. Im Bedarfsfall zahlt der ostad-kar auch einen Teil des zu erwartenden Arbeitsentgeltes als Vorschuß; ein Vorverkauf (pish-forush) findet heute
im Gegensatz zu früher jedoch nicht statt, d. h. trotz aller Aufwendungen wird der
ostad-kar im rechtlichen Sinne nicht Eigentümer des Werkstücks auf dem Webstuhl,
der Knüpfer ist zwar finanziell bei ihm verschuldet, aber nicht verpflichtet, den
Teppich an den ostad-kar abzugeben.

Der fertige Teppich wird, können sich ostad-kar und Weber nicht über den
Wert einigen, von einem unparteiischen Fachmann geschätzt. Dann übernimmt
entweder der ostad-kar das Stück und zahlt 50% (bei besonders wertvollen Teppichen 40%) dieses Wertes an den Knüpfer oder der Knüpfer verkauft den Teppich
auf dem freien Markt und zahlt die Hälfte des erzielten Preises an den ostad-kar (60).

So scheint der Knüpfer dem ostad-kar gegenüber auf den ersten Blick noch
eine gewisse Unabhängigkeit wahren zu können. In der Realität ist seine Lage jedoch
weit ungünstiger. Der Gewinnanteil des Knüpfers ist in der Regel zu gering, als daß
es ihm möglich wäre, außer für den Lebensunterhalt der Familie noch Mittel für
den Ankauf neuen Arbeitsmaterials zu erübrigen. So bleibt er auf einen ostad-kar
angewiesen.

In den Dörfern erhöht sich die Abhängigkeit noch dadurch, daß die ostad-
karan oft gleichzeitig als Händler auftreten und die Knüpfer auf Kredit mit Lebensmitteln, Haushaltswaren u. ä. versorgen, für die sie überhöhte Preise in Rechnung
stellen. Der Preis für die Waren wird nach Verkauf des Teppichs vom Anteil des
Knüpfers abgezogen. Zum Teil deckt der Verdienst die Schulden nicht einmal, so

daß der Knüpfer wieder für denselben ostad-kar arbeiten muß.

Eine hiervon abweichende, auf ein Verlagssystem hinauslaufende Organisationsform findet sich im Golpaygan-Shahrestan: Die Knüpfer erhalten von ihrem ostad-kar einen Stücklohn; Rohstoffversorgung und Vermarktung übernimmt der ostad-kar, der auch Eigentümer des im Stuhl befindlichen Werkstücks bleibt. Auf einen Tagelohn umgerechnet, beträgt der Verdienst des Knüpfers nur 1/4 bis 1/5 des Verdienstes eines einfachen Arbeiters (z. B. Bauarbeiters) (vgl. Tab. 17).

Tabelle 17: Entwicklung des Lohns abhängiger Knüpfer im Golpaygan-Shahrestan (in Rial)

	1972	1973	1974	1975	1976	1977	1978	1979
Stücklohn eines 2x3 m Teppichs[1]	6.000	25.000	32.000	38.000	53.000	66.000	70.000	73.000
Tagelohn eines Knüpfers	17	70	89	105	147	183	194	203
Tageslohn eines einfachen Arbeiters	62	200	250	375	500	692	782	1.000

1) Arbeitszeit: 2 Knüpfer a 6 Monate

Quelle: Mündl. Mitt. der Sherkat-e Farsh-e Golpaygan / Bank-e Markazi-ye Iran Annual Report Balance Sheet 1979, Tehran

Trotz des schon geringen Lohnniveaus versuchen die ostad-karan mit verschiedenen Mitteln, die Löhne weiter zu drücken, z. B. verteilt der ostad-kar dickeres Knüpfmaterial, was dazu führt, daß bei vorgegebener Größe und Knotenzahl der Knüpfer mit erhöhtem Zeitaufwand einen sehr dichten Flor produziert. Dies erhöht die Qualität und den Verkaufspreis des Teppichs; der Mehrerlös kommt aber voll dem ostad-kar zugute. Wird das festgelegte Maß überschritten, ist dies ein Grund, den Knüpfern einen Teil ihres Lohnes vorzuenthalten, obwohl der Teppich aufgrund seiner Übergröße einen höheren Verkaufspreis einbringt. Eine weitere Methode, den Lohnkostenanteil am Teppich zu verringern, besteht darin, den Knüpfer nach Quadratzar (104 x 104 cm) zu bezahlen, beim Verkauf der Preisberechnung aber eine metrische Skala zugrundezulegen.

Die ostad-karan in den Provinzen Esfahan und Bakhtiari lassen sich in drei Gruppen untergliedern:

a) Personen, die nur auf dem Teppichsektor arbeiten und außer der Knüpfarbeit vom Materialeinkauf bis zum Verkauf des Fertigprodukts sämtliche anfallenden Arbeiten erledigen (incl. Aufspannen der Kette). Sie kontrollieren und beraten in der Regel die Knüpfer(innen) bei ihrer Tätigkeit. Sie sind in jedem Falle Knüpfmeister.

b) Personen, die außerdem als Zwischenhändler (pilehwaran) tätig sind. Sie versorgen die Dorfbevölkerung, auch die nicht für sie arbeitende, mit Gütern des täglichen Bedarfs, zum kleinen Teil auch mit Knüpfmaterial.

c) Personen, die nur nebenbei als ostad-kar tätig werden. Sie gehen hauptberuflich teilweise einer völlig anderen Beschäftigung nach (z. B. Lehrer, Angestellte, aber auch Lebensmittelhändler, Rohstoffverkäufer usw.).

Die ostad-karan stammen meist aus dem Zentrum der jeweiligen Knüpfregionen, kontrollieren also von der (Klein)Stadt jeweils einen Teil der Teppichproduktion der Stadt und des Umlandes.

Neben Hausgewerbe und Heimindustrie spielen Manufakturbetriebe eine gewisse Rolle (vgl. Tab. 18). Als lohnabhängige Knüpfer sind hier - wohl aufgrund des niedrigeren Lohnniveaus - ausschließlich Frauen und Mädchen tätig, die von ein oder zwei Meistern beaufsichtigt werden. Die Form der Entlohnung ist unterschiedlich, neben Tagelohn findet sich auch Stücklohn (s. u.).

Nicht sämtliche von den Manufakturbesitzern kontrollierte Produktion entstammt den Webstühlen der eigenen Betriebe. Ein großer Teil wird als Auftragsarbeit von Heimproduzenten, also in Form des Verlagswesens, ausgeführt. Die Knüpfer erhalten einen Stücklohn. Durch die Gewährung von Krediten versuchen die Manufakturbesitzer sie an sich zu binden, vor allem, wenn sie gute Arbeit leisten.

Diese Auftragsarbeiten ermöglichen es den Manufakturen, die für Export und Großhandel produzieren, relativ elastisch auf Marktschwankungen zu reagieren, ohne Gefahr zu laufen, plötzlich einen Teil der mit ihrem Kapital errichteten Produktionskapazität nicht auslasten zu können. Zudem können (auch minderjährige) Arbeitskräfte genutzt werden, die nicht in einen betrieblichen 10-Stunden-Tag zu integrieren sind. Großproduzenten sind in den einzelnen Knüpfzentren zu finden. Daneben kontrollieren aber auch überörtliche Vertreter Esfahaner Großproduzenten große Teile der unter diesen Bedingungen hergestellten Erzeugnisse entfernterer Knüpfregionen.

Neben privaten Großproduzenten existiert die staatliche iranische Teppichkompanie (sherkat-e farsh), die allein in Esfahan und Umgebung mehr als 1.000 Webstühle besitzt. Die Gesellschaft wurde ursprünglich ins Leben gerufen, um durch Qualitätsverbesserung und Standardisierung der Teppichproduktion die Exportchancen des Persischen Teppichs noch zu steigern, wurde allerdings den gestellten Aufgaben kaum gerecht.

Tabelle 18: Anzahl der Teppichknüpfereien nach Anzahl der Knüpfer in Knüpfzentren der Provinzen Esfahan und Bakhtiari

	Anzahl der Betriebe nach Zahl der Knüpfer												Gesamtzahl	
	1	2	3	4	5	6	7	8	10	13	17	33	Werkstätten	Knüpfer
Esfahan	12897	1953	210	14	5	5	–	–	–	–	1	1	15086	17594
Najafabad	4183	1630	215	30	5	–	–	–	–	–	–	–	6063	8233
Na'in	231	21	–	–	–	–	1	–	–	–	–	–	253	280
Ardestan	285	69	2	–	–	–	–	1	–	–	–	–	357	437
Natanz	176	79	8	–	–	–	–	–	–	–	–	–	263	358
Lenjan	206	127	20	2	1	–	–	–	–	–	–	–	356	533
Golpaygan	743	84	16	3	1	–	–	–	–	–	–	–	847	976
Semirom	180	52	45	11	3	4	1	–	2	–	–	–	298	529
Faridan	92	53	7	1	–	–	–	–	–	–	–	–	153	223
Shahreza	1630	358	71	16	2	1	–	–	–	1	–	–	2079	2652
Shahr-e Kord	2099	96	89	11	1	–	1	–	–	–	–	–	2297	2614
Borujen	826	162	38	6	1	–	–	1	–	–	–	–	1034	1301

Quelle: SCI: Zählung der Betriebe des Landes. Tehran 1975.

Sie ist heute im ganzen Land tätig und arbeitet nach den gleichen Kriterien wie private Unternehmen auch. In den Untersuchungsgebieten investierte sie in Esfahan, Shahr-e-Kord, Golpaygan und Meymeh. In Meymeh waren ihre Untersuchungen nur von geringem Erfolg, da die Knüpferinnen es ablehnten, nach dem vorgegebenen Design zu arbeiten.

In den einzelnen angesprochenen Knüpfgebieten besitzen die verschiedenen Organisationsformen einen unterschiedlichen Stellenwert.

Bakhtiari ist gekennzeichnet durch die Dominanz selbständiger Knüpfer. Ostad-karan sind selten und auf wenige ländliche Gebiete beschränkt. In Shahr-e-Kord existieren einige kleine Manufakturen mit weniger als 10 Beschäftigten, die der Sherkat-e Farsh gehören. Ähnliches gilt für Meymeh. Die meisten der relativ wenigen ostad-karan sind nur nebengewerblich im Teppichgeschäft engagiert. Oft sind es Landwirte, daneben auch Teppichhändler und Dorfkaufleute. Auch in Na'in dominiert die hausgewerbliche Teppichproduktion. Neben den ostad-karan kontrollieren die wenigen und relativ kleinen Manufakturen nichtselbständige heimindustrielle Knüpfer.

Die Teppichknüpferei im Najafabad-Tal, die früher gänzlich von ostad-karan kontrolliert wurde, hat sich in jüngster Zeit von einer Heimindustrie zu einem Hausgewerbe entwickelt; die Knüpfer sind heute weitgehend selbständig.

Ein größerer Teil der Knüpfer als in den bisher genannten Gebieten scheint in Golpaygan für ostad-karan, Großproduzenten oder die Sherkat-e Farsh zu arbeiten. In den untersuchten Orten schwankte die Zahl der unselbständigen Knüpfer zwischen ca. 30 und 90 % aller Knüpfer. In den Dörfern der Knüpfregion Esfahan dürfte ein großer Teil der Knüpfer auf eigene Rechnung arbeiten.

In Esfahan-Stadt aber sind wohl nur weniger als 1/4 aller Knüpfer selbständig. Auch die Zahl der Arbeiterinnen in kleinen oder größeren Manufakturen ist geringer. Das Gros arbeitet heimindustriell, mehr als die Hälfte hiervon für Großproduzenten (Verleger) incl. der Sherkat-e Farsh, die in Esfahan ca. 1.000 Webstühle besitzt, der Rest für ostad-karan.

Je nach Betriebsform erfolgt die Vermarktung der fertigen Teppiche durch den Knüpfer selbst, den ostad-kar oder den Großproduzenten. Während die Großproduzenten die Teppiche meist direkt über den Großhandel absetzen, verkaufen die ostad-karan die Erzeugnisse ihrer Knüpfer meist an den Einzelhandel, daneben aber auch an Großhändler oder exportieren sie in andere Städte, vor allem nach Tehran. Dem zahlenmäßigen Umfang des Hausgewerbes entsprechend ist allerdings auch die Vermarktung durch den Knüpfer - exakter: Gatte bzw. Vater der Knüpferinnen, der die geschäftlichen Belange erledigt -, ausgesprochen häufig. Er hat die Möglichkeit, seine Ware auf dem städtischen Bazar anzubieten oder sie direkt an Zwischen- oder Einzelhändler abzusetzen.

Der Verkauf auf dem Bazar kann für den Knüpfer den günstigsten Preis erbringen, allerdings nur, wenn er genügend Zeit hat, auf private Kunden zu warten. Dann ist es ihm vielleicht möglich, den Teppich zu einem Preis abzusetzen, den ein Privatkunde auch bei einem Händler zahlen würde. Findet sich kein privater Käufer, muß der Knüpfer an Zwischenhändler oder Bazarkaufleute, die z. T. ebenfalls Teppiche von Bazar-Anbietern abnehmen, verkaufen. In diesem Falle muß er sich mit einem weit geringeren Geldbetrag zufriedengeben. Vor allem Verkäufer vom Lande, die nur wenig Zeit haben, müssen auch niedrigere Angebote annehmen und werden so übervorteilt. Hinzu kommt, daß sich die Bazarhändler gegenseitig über das Erscheinen jedes Anbieters informieren und ihre Angebote untereinander abstimmen. Dieses Ausschalten der Konkurrenz unter den Händlern führt dazu, daß die Knüpfer kaum jemals einen Preis erhalten, der ihren Vorstellungen entspricht. In manchen Fällen, z.B. wenn sie sich mit den Händlern nicht über den Preis einig werden, übergeben die Knüpfer ihren Teppich sog. "amanat forushi" in Kommission und bestimmen den Preis, der als Verhandlungsbasis dienen soll. Die auf Kommissionsgeschäfte spezialisierten Verkäufer erhalten eine Provision von 5 - 20% beim Verkauf der Ware.

Der Verkauf durch den Knüpfer im Bazar besitzt in den verschiedenen Regionen einen unterschiedlichen Stellenwert. Die Knüpfer in Meymeh bringen ihre Erzeugnisse kaum persönlich auf den Markt. In den anderen Regionen wird, wenn dieser Weg gewählt wird, vor allem der Bazar des kleinstädtischen Zentrums (Na'in, Najafabad oder Shahr-e-Kord (Abb. 25)) aufgesucht und - abgesehen von deren eigenem Umland - weniger der Markt der entfernten Großstadt, da trotz höherer Transportkosten nicht mit einem günstigen Preisangebot gerechnet werden kann (s.o.).

Wenn der Handel auch teilweise Angebote auf dem Bazar übernimmt, so bezieht er den überwiegenden Teil seiner Ware auf einem anderen Weg. Zwischenhändler kaufen die Teppiche z.T. bereits am Arbeitsplatz des Knüpfers auf. Sie haben jeweils einen Stamm städtischer und ländlicher Knüpfer, zu dem sie regelmäßige Kontakte unterhalten. Bei Knüpfern, deren Arbeitsqualität besonders bekannt ist, sichern sich die Zwischenhändler die zu erwartenden Erzeugnisse dadurch, daß sie die halbfertigen Teppiche noch auf dem Webstuhl aufkaufen. Der Knüpfer erhält einen Teil oder auch den gesamten vereinbarten Preis im voraus. Im Gegensatz zu anderen, heute seltenen Fällen des pish-forush, die aus der finanziellen Not des Knüpfers resultieren und bei denen dieser sich mit sehr unvorteilhaften Bedingungen zufriedengeben muß, erhält der Knüpfer hier oftmals ein höheres Preisangebot, als er es im Normalfall bei freiem Verkauf erzielt hätte.

Diese Vorgehensweise mag auch von kapitalstarken Zwischenhändlern angewandt werden, die Teppiche aufkaufen und vom Markt zurückhalten, um so die Preise zu ihren Gunsten zu beeinflussen. Die Zwischenhändler verkaufen die Teppiche mit einem Preisaufschlag von 5 - 15%, von dem ein überdurchschnittlich großer Teil als Reingewinn abfällt, da sie weder Steuern noch Versicherungen u.ä.

Abbildung 24: Schema der Teppichvermarktung im Umland von Shahr-e-Kord

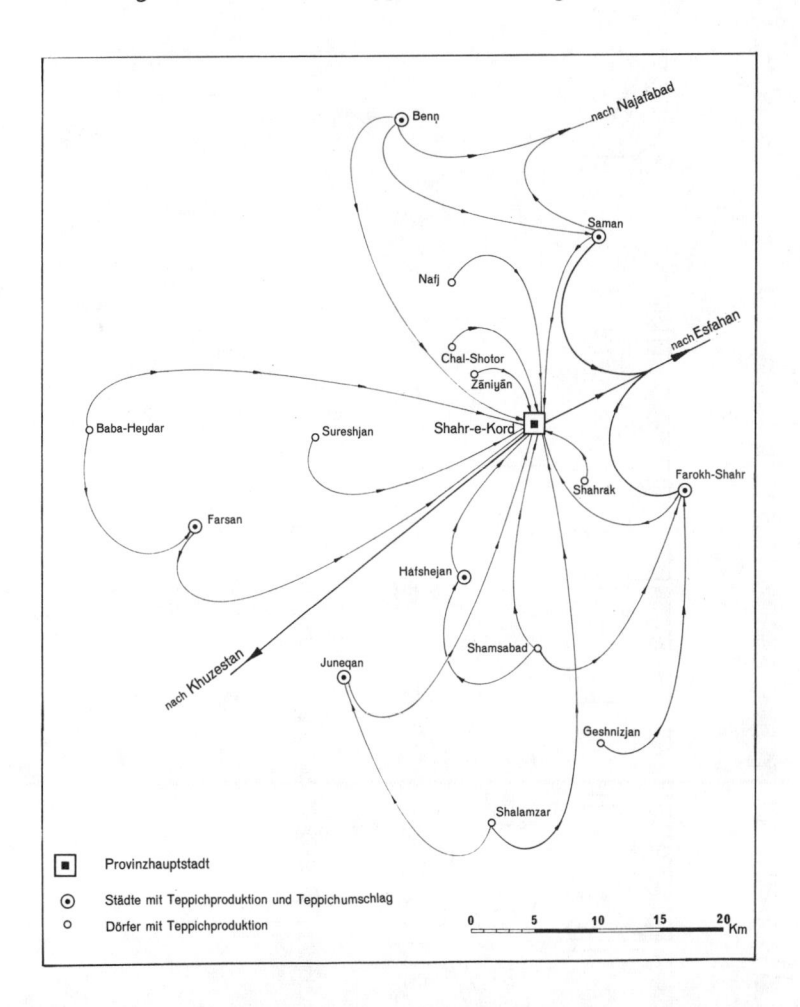

zahlen müssen, an den Teppichgroß- und Einzelhandel. Zum Teil findet sich auch ein interner Handel unter Zwischenhändlern, wobei diese sich allerdings mit niedrigen Gewinnspannen (2-5%) zufriedengeben müssen, sollen die Teppiche nicht so verteuert werden, daß sie keine Abnehmer mehr finden.

Vor allem in Bakhtiari (Abb. 24) kaufen zudem auch pilehwaran, ambulante Händler, von Knüpfern und Händlern Teppiche auf, um sie an Händler anderer Orte weiterzuverkaufen. Im Gegensatz zu den Zwischenhändlern sind die pilehwaran nicht auf den Teppichhandel spezialisiert, sondern verkaufen auf den Dörfern alle möglichen Güter des täglichen Bedarfs, nehmen die Teppiche wohl auch für andere

Abbildung 25: Shahr-e-Kord: Melat-Straße: Geschäftsbesatz März 1978

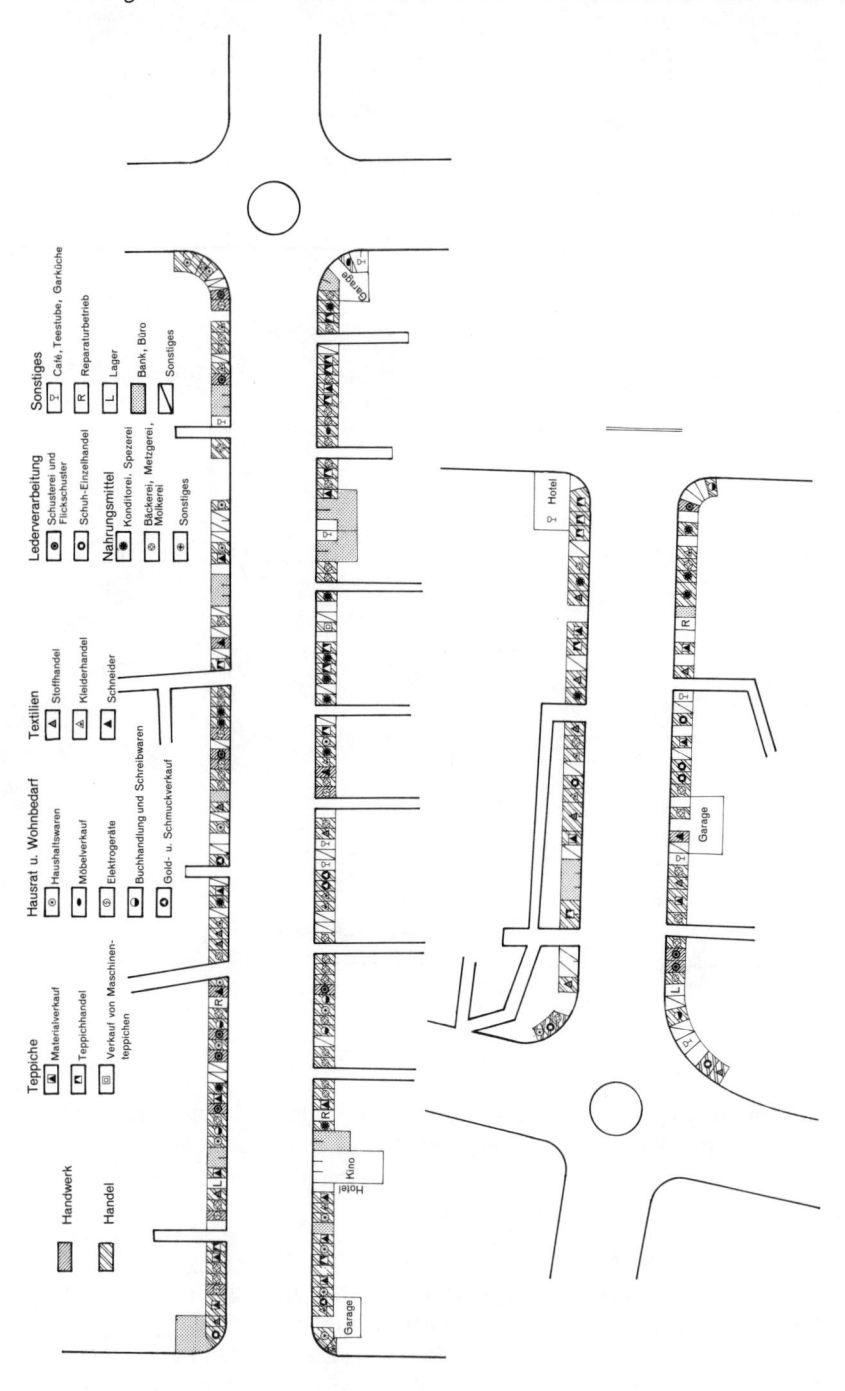

Waren in Zahlung.

Der Teppichhandel kauft sowohl direkt vom Knüpfer in Stadt und Land als auch vom Zwischenhändler und verkauft die Waren mit einem Aufschlag, nach eigenen Angaben 5 - 10%, vermutlich mehr, an Einzelkunden, aber auch an den Teppichhandel anderer Orte des In- und Auslandes. Einige Händler sind auf Produkte bestimmter Knüpfregionen (z.B. Na'in, Najafabad, Bakhtiari) spezialisiert.

Zwischenhändler, die in allen Regionen auftreten, stammen in vielen Fällen direkt aus einem Dorf oder einer Kleinstadt der Knüpfregion, sind daher bestens mit den örtlichen Gegebenheiten vertraut. Andere kommen aber auch aus Esfahan oder anderen Teilen des Landes. Vor allem in Meymeh und Na'in, daneben auch in Golpaygan spielen Aufkäufer aus Tehran eine wichtige Rolle. Über diese Zwischenhändler (und dallal, s.u.) gelangt ein Teil der Teppiche in den kleinstädtischen Handel, ein anderer unter Umgehung der Kleinstadt nach Esfahan; ein dritter fließt direkt in andere Landesteile, ohne die weiteren Kanäle des Teppichhandels der Provinz zu durchlaufen (61). Quantitative Aussagen über die jeweiligen Anteile sind leider nicht möglich. Auch ein Teil der in die Hände der kleinstädtischen Einzelhändler gelangten Fabrikate gelangt in die Provinzhauptstadt, ein anderer direkt nach Tehran und Khuzistan (aus dem Umland von Najafabad und Bakhtiari (Abb. 21 u. 24)) oder Qom und Kashan (Meymeh, Abb. 22).

Neben dem Einzelhandel gibt es in Esfahan neun Betriebe des Teppichgroßhandels, die nach anderen iranischen Städten und ins Ausland verkaufen. Sie kaufen von Knüpfern, ostad-karan, Zwischen- und Einzelhändlern sowie Großproduzenten. Einige Großhändler sind als Großproduzenten mit eigenen Manufakturen in die Teppichfabrikation eingestiegen.

Sowohl für Esfahaner als auch für Tehraner u.a. Großhändler sind in den Untersuchungsgebieten Makler tätig, die gegen eine Provision von 3 - 10% arbeiten.

Wie aus Tabelle 19 hervorgeht, weist die Stadt Esfahan eine ausgesprochen hohe Konzentration der mit Teppichherstellung und Vermarktung verbundenen Berufsgruppen auf. Die Abbildungen 26-29 geben die Standortverteilung der insgesamt 16.119 Betriebe dieser Branchen wieder - mehr als 93% hiervon meist hausgewerbliche und heimindustrielle Knüpfereien.

Die Betriebe der Rohstoffbearbeitung und des Rohstoffhandels (Abb. 26, 27) finden sich schwerpunktmäßig im Bazarbereich, wobei einzelne Handwerke allerdings eine Ausnahme machen. Wollspinnerei ist vor allem in der Peripherie der Stadt lokalisiert, die in dieser Arbeit nicht berücksichtigte Gelimherstellung im Viertel um die Freitagsmoschee, das ebenfalls einen Großteil der Betriebe der Baumwollspinnerei und die Kettfädenmacher beherbergt. Die Betriebe der Designer liegen im NW-Bereich der Stadt, meist an den wichtigen Straßenzügen. Der Rohwollhandel, die meisten Färbereibetriebe und der Verkauf von Knüpfbedarf sind im Bazarbereich lokalisiert.

Abbildung 26: Betriebe der Gelimfabrikation und Zulieferbetriebe für die
Teppichherstellung

Die Teppichknüpfereien (Abb. 28) konzentrieren sich zum einen im östlichen dichtbebauten Teil der Kernstadt, zum zweiten in einem peripheren Ring in Vierteln, die sich vor allem entlang der Ausfallstraßen ins Umland vorschieben. Es sind dies weitgehend Quartiere einkommensschwächerer Bevölkerungsschichten.

Der Bereich im SW der Chahar Bagh, nördlich und südlich des Zayandeh Rud incl. dem Armenierviertel Jolfa, ist dagegen ausgesprochen arm an Webstühlen. Bei geringer Bebauungsdichte leben hier weitgehend gehobene Sozialschichten.

Abbildung 27: Zulieferbetriebe der Teppichherstellung in Esfahan

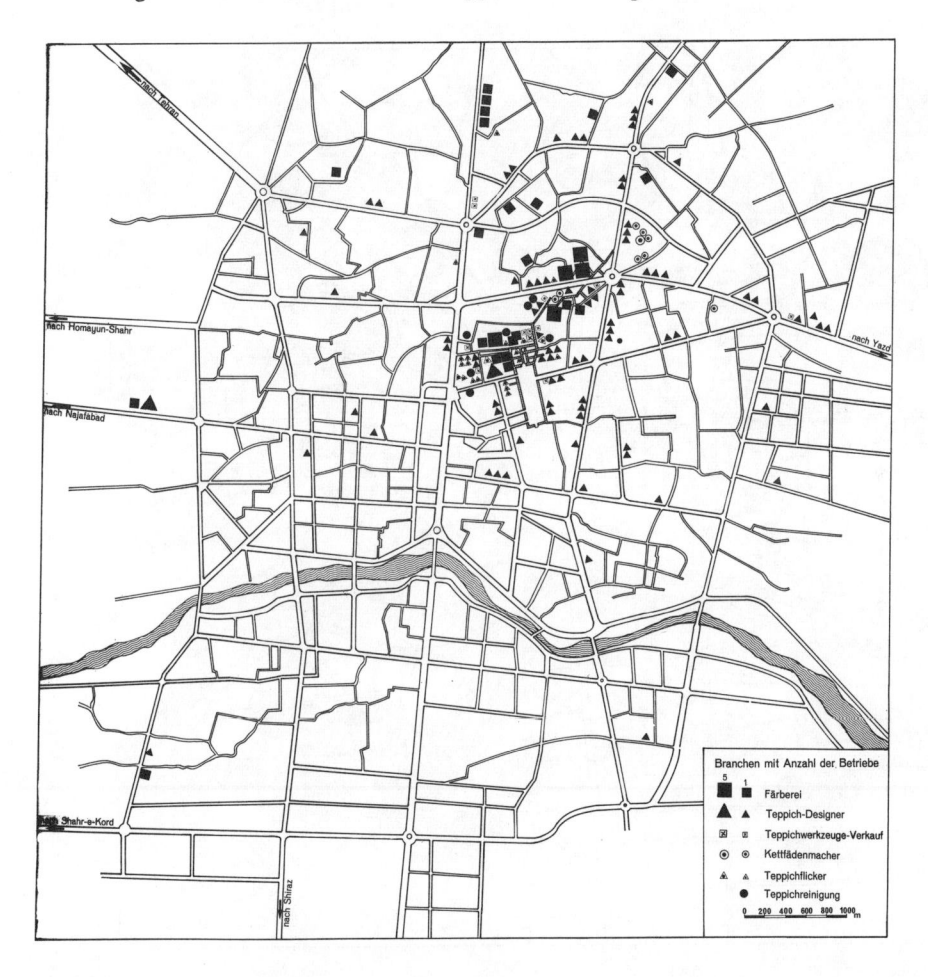

Heimgewerbliche Betriebe sind in Abbildung 28 nicht von Manufakturbetrieben, die zahlenmäßig weit zurücktreten, unterschieden. Diese Manufakturen, die ja einen gewissen Platzbedarf aufweisen, liegen weitgehend am östlichen Rand der Kernstadt.

Abbildung 29 zeigt die Standortverteilung des Teppichgroß- und -einzelhandels. Zwar liegt ein Teil der Geschäfte an den neuen Hauptstraßen, der allergrößte Teil ist jedoch im Bazar nahe dem Meydan-e-Naqsh-e-Jahan (ehem. Meydan-e-Shah konzentriert, ein Standort, den der Teppichhandel auch in anderen iranischen Städten einnimmt (62).

Abbildung 28: Verbreitung der Teppichknüpferei in Esfahan und seiner Peripherie

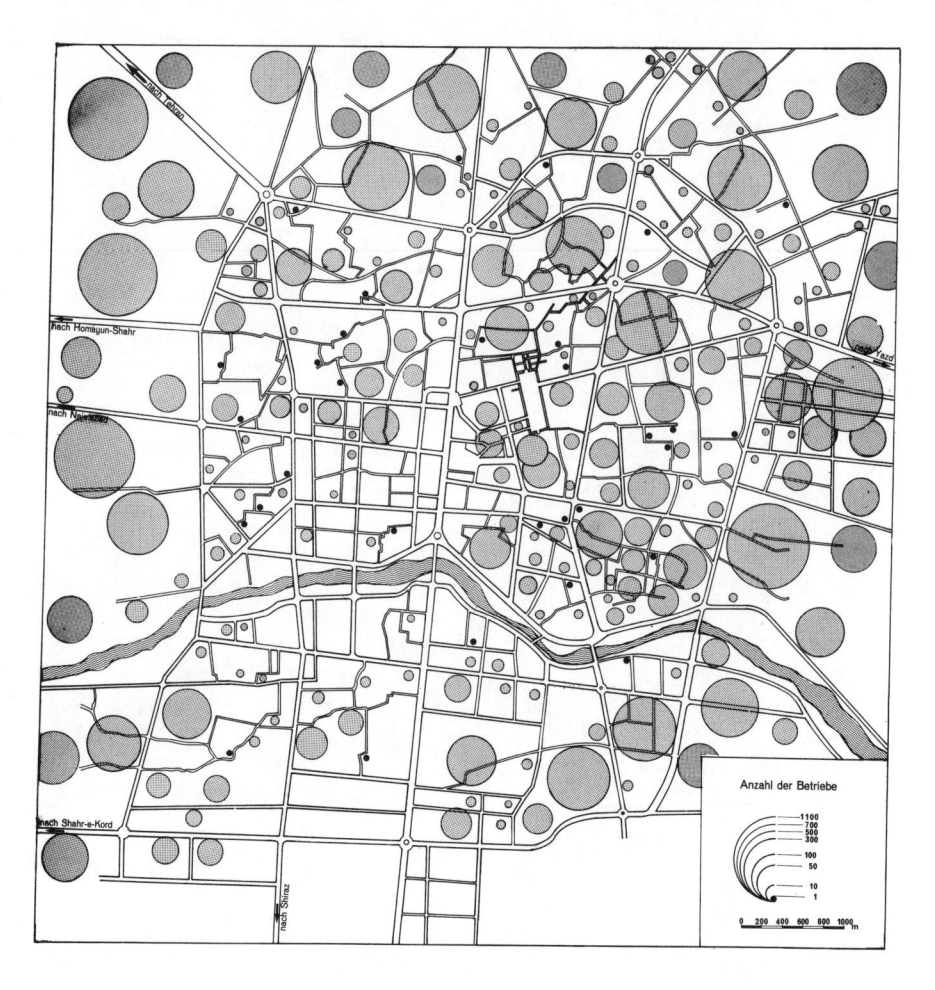

In die Teppichpreise gehen die Kosten für Rohmaterial, für die Entlohnung der verschiedenen an dessen Bearbeitung beteiligten Instanzen und die Gewinne der verschiedenen an der Vermarktung partizipierenden Händler ein, die den Endverbraucherpreis des Teppichs gelegentlich auf das 3- bis 5fache des Verkaufspreises der Knüpfer hochtreiben.

Der Erlös der Produzenten beim Verkauf von Rohwolle ist aus dem Umland von Na in bekannt. Hier kaufen pilehwaran Rohwolle von Bauern zu 150 - 160 Rial/kg/. In Meymeh betrug der Preis 1978 pro kg gewaschener und sortierter Rohwolle

Abbildung 29: Standorte von Betrieben des Teppichhandels in Esfahan

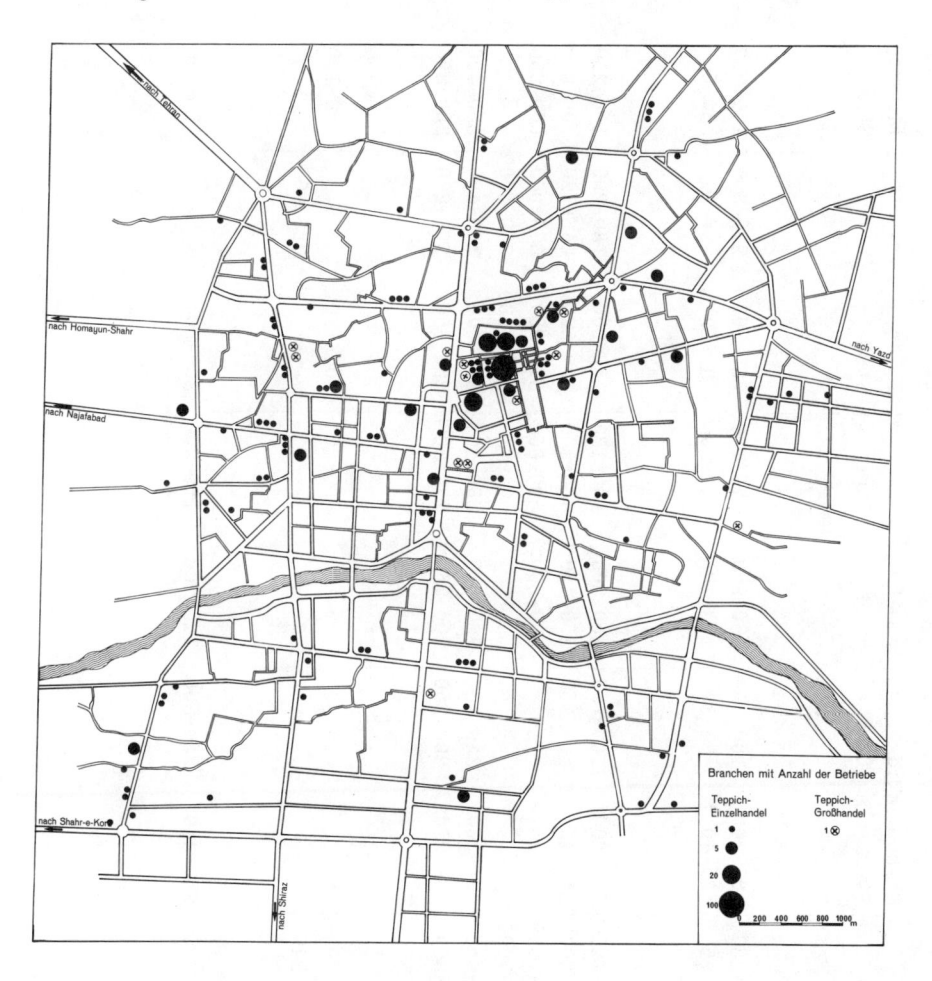

bis 200 Rial, ein Preis, der anderenorts vom Bazarhändler verlangt wurde und auch dessen Gewinnanteil enthielt (vgl. Tab. 19). Die Variabilität des Preises ist eine Folge von Qualitätsunterschieden. In Shahr-e-Kord mußten im Bazar für normale Rohwolle 110 - 140 Rial/kg, für rein weiße Wolle bester Qualität aber 200 Rial/kg gezahlt werden. Wird die Rohwolle von Hand versponnen und in örtlichen Färbereien gefärbt (63), steigt ihr Wert (am Beispiel Shahr-e-Kord) um 300 - 550 Rial und betrüge 410 - 750 Rial/kg, ein Preis, der weit über dem Angebot des Handels liegt. Dies ist darauf zurückzuführen, daß die durch den Handel vertriebene gefärbte Wolle in der Regel nicht handwerklich bearbeitet, sondern in Großbetrieben gewaschen, versponnen und gefärbt wurde, daher weit preiswerter ist (64).

Tabelle 19: Preise (in Rial) für Knüpfmaterial und dessen Bearbeitung im Untersuchungsgebiet 1978

	Esfahan Stadt	Dorf	Shahr-e-Kord Stadt	Dorf	Najafabad Stadt	Dorf	Na'in Stadt	Dorf	Meymeh Stadt	Dorf
Färberei (Färben pro kg)										
Wolle	60-270	100-250	100-300	100-250	80-200	70-150	220-300	220-300	100-200	135-150
Baumwolle	20-30	20-25	30-40	25-30	20-40	20-30	30-40	30-40	30-50	-
Einzelhandel (pro kg)										
Rohwolle	150-200	100-120	110-200	100-180	150-200	100-180	180-200	180-200	150-210	150-200
gefärbte Wolle	275-500	300-600	355-400	400-450	350-450	450-500	445-520	445-520	500-670	-
gefärbtes kork	450-900	500-1000	-	-	500-600	500-600	670-900	670-900	600-800	-
Seide (weiß)	4500-7000	4700-7000	-	-	-	-	3240-4000	3340-4000	-	-
Kettgarn	320-400	350-450	330-350	350-400	320-360	380-400	300-400	350-450	350-400	400-450
Schußgarn	250-300	250-320	180-230	200-250	200-250	270-300	250-300	250-280	300-350	350-380
Kettenlegen (pro kg Kettgarn)										
aus Baumwolle	60-100	60-80	50-80	50-80	50-100	50-60	100-120	-	50-100	-
aus Seide	200-240	200-240	-	-	-	-	-	350-600	-	250-350
Kettenspannen/ Kontrolle (pro qm)	330-400	360-400	250-350	250-350	125-200	150-200	300-600	-	125-200	-

Quelle: eigene Erhebung 1978

Tabelle 19 gibt Rohstoffpreise wieder, die dem Verfasser 1978 bei Interviews von Einzelhändlern und Webern in verschiedenen Ortschaften genannt wurden. Auch innerhalb eines Ortes divergieren die Angaben recht stark, was z. T. eine Folge davon sein mag, daß ein festes Preisgefüge fehlt, die Preise schwanken und jeweils ausgehandelt werden müssen, z. T. sicherlich auch auf absichtlich unkorrekte Angaben zurückgeht. Immerhin fallen beim Vergleich der angegebenen Werte zwei entgegengesetzte Tendenzen ins Auge. Die Kosten für handwerkliche Tätigkeiten nehmen von der Großstadt über die Kleinstädte ins ländliche Hinterland hinein ab. Dafür steigen die Verkaufspreise der Händler, bedingt durch die Einschaltung von Zwischenhändlern. Die Differenzen fallen besonders beim Vergleich der Preise in Kleinstadt und Umland auf, weniger zwischen Esfahan und den Kleinstädten. Dies liegt wohl zum einen an der größeren Vielfalt der Waren in Esfahan, was deren Preisintervall vergrößert, zum anderen aber auch daran, daß für einen Teil der in den Kleinstädten angebotenen Waren der Esfahaner Handel nicht als Lieferant auftritt (vgl. beispielsweise Seidenpreise in Esfahan und Na'in!).

Die prozentualen Unterschiede der Preise zwischen Stadt und Land sind von Produkt zu Produkt unterschiedlich. Die daraus resultierende Erhöhung der Produktionskosten läßt sich berechnen, wenn die jeweilig benötigten Rohstoffmengen bekannt sind. Diese divergieren in den verschiedenen Knüpfgebieten auch bei gleicher Teppichgröße, da verschiedene Materialien bei unterschiedlicher Dichte verarbeitet werden.

In Tabelle 20 werden die Kosten beim Einkauf des Materials in der Stadt und dem ländlichen Umland berechnet. Die untere bzw. obere Grenze des Preisintervalles liegt auf dem Lande in Esfahan um 6% / 8%, in Shahr-e-Kord 12% / 14%, in Najafabad 29% / 13%, in Meymeh 3% / 1% und in Na'in 3% / 3% über der in der Stadt (65). Es ist jedoch fraglich, ob die Zahlen auf diese Weise aufeinander bezogen werden dürfen, da das Warenangebot in Stadt und Land u.U. nicht miteinander vergleichbar ist. Ein breiteres Angebotsspektrum in der Stadt kann dazu führen, daß das ländliche Preisintervall nur mit einem Teil des städtischen korrespondiert, so daß die untere Grenze der prozentualen Unterschiede zu hoch, die obere u.U. zu niedrig angesetzt wäre.

Die Rohstoffpreise erhöhen sich um 5-15%, wenn der Knüpfer von der Möglichkeit Gebrauch macht, die Waren erst später zu bezahlen. Zu den reinen Materialkosten kommen weitere Ausgaben: Der Preis für das Design ist abhängig von der Größe des Teppichs und dem Muster; auf den Quadratmeter entfallen vielleicht etwa 800 - 1.000 Rial (in Na'in bis zu 4.000 Rial), wenn ein Design nur einmal geknüpft wird. Dieser Preis reduziert sich mit jeder Wiederholung. Wie schon angeführt, besteht auch die Möglichkeit, das Design zu mieten. Dann wären hierfür bis zu 200 Rial/qm anzusetzen. Außerdem müssen noch das Kettenziehen und u.U. die Kontrolle der Knüpfarbeiten durch einen Meister bezahlt werden, bis zu 600 Rial pro qm bei einem Na'in-Teppich mit sehr dichter Kette.

Tabelle 20: Materialverbrauch und Lohnkosten pro Quadratmeter bei ortsüblichen Teppichen

	Esfahan (Teppich aus Seide und kork)		
	Menge (kg)	Preis (Rial) in Esfahan	Preis (Rial) in ländl. Umland
Material: Flor			
kork	4,00-6,50	1800-5850	2000-6500
Kettgarn			
Seide	0,40-0,70	1800-4900	1880-4900
Schußfäden			
Baumwolle	0,50-0,90	125-270	125-290
Material gesamt:		3725-11020	4005-11690
Kettenlegen		80-170	80-170
Kettenspannen/ Kontrolle		330-400	350-400
Kosten gesamt (ohne Design):		4135-11590	4435-12260

	Najafabad		
	Menge (kg)	Preis (Rial) in Najafabad	Preis (Rial) in ländl. Umland
Material: Flor			
Wolle	3,50-4,00	1225-1800	1575-2000
Kettgarn			
Baumwolle	0,55-0,70	175-250	210-280
Schußfäden			
Baumwolle	1,65-1,80	330-450	445-540
Material gesamt:		1730-2500	2230-2820
Kettenlegen		30-70	30-45
Kettenspannen/ Kontrolle		125-200	250-200
Kosten gesamt (ohne Design):		1885-2770	2410-3065

Forts. nächste Seite

Forts. Tab. 20

	Shahr-e-Kord Menge (kg)	Preis (Rial) in Shahr-e-Kord	Preis (Rial) in ländl. Umland
Material:			
Flor			
Wolle	3,50-4,60	1245-1840	1400-2070
Kettgarn			
Baumwolle	0,65-0,90	215-315	230-405
Schußfäden			
Baumwolle	1,25-1,80	225-415	250-450
Material gesamt:		1685-2570	1880-2925
Kettenlegen		35-75	35-75
Kettenspannen/ Kontrolle		250-350	250-350
Kosten gesamt:		1970-2995	2165-3350

	Meymeh Menge (kg)	Preis (Rial) in Meymeh	Preis (Rial) in ländl. Umland
Material:			
Flor			
Wolle	3,50-4,50	1750-3015	(1750-3015)
Kettgarn			
Baumwolle	0,50-0,65	200-260	225-293
Schußfäden			
Baumwolle	0,80-1,50	240-525	280-525
Material gesamt:		2190-3800	2255-3835
Kettenlegen		235-300	250-350
Kettenspannen/ Kontrolle			
Kosten gesamt:		2425-4100	2505-4185

Fortsetzung nächste Seite

Forts. Tab. 20

Material:	Na'in Menge (kg)	Preis (Rial) in Na'in	Preis (Rial) in ländl. Umland
Flor			
kork	4,50-5,00	3015-4000	(3015-4500)
Seide	0,40-0,50	1295-1620	1335-1680
Kettgarn			
Baumwolle	1,20-1,60	360-640	420-720
Schußfäden			
Baumwolle	1,20-1,60	300-400	395-450
Material gesamt:		4970-7160	5105-7350
Ketten legen		120-160	
			350-600
Ketten spannen		300-600	
Kosten gesamt:		5390-7920	5455-7950

Quelle: eigene Erhebung 1978

In den Manufakturen und im Falle der gegen Lohn arbeitenden Heimindustrie entstehen dem Unternehmer Lohnkosten. Erhalten die Knüpferinnen einen Tagelohn (10 Std. Arbeitszeit), so wurden in der Stadt Esfahan 1978 an Anfängerinnen 10 - 50 Rial, an Fortgeschrittene 60 - 150 Rial und an hochqualifizierte Knüpferinnen 200 - 400 Rial gezahlt. Zu betonen ist, daß es sich bei den "Niedriglohngruppen" weitgehend um kleine Mädchen handelt. Auf dem Lande liegen die Einkünfte der Lohnknüpferinnen noch unter diesem Satz (66).

Die Höhe der Lohnkosten läßt sich nur berechnen, wenn die Produktivität der Knüpferinnen bekannt ist. Es wird angenommen, daß eine gute Knüpferin 15 Knoten pro Minute anbringt, bei einer Arbeitszeit von 10 Stunden täglich also ca. 9.000 Knoten. Bei einem Teppich mit 50 Knoten pro qcm sind pro qm also ca. 55 1/2 Arbeitstage erforderlich, was den Unternehmer 11.100 - 22.200 Rial kostet (67). Bei feineren Teppichen erhöhen sich die Lohnkosten entsprechend der Zahl der Knoten, deren Zahl pro qcm in den Provinzen Esfahan und Bakhtiari zwischen 8 und etwa 150 schwankt.

Außer im Tagelohn können die Knüpferinnen auch direkt nach der Zahl der Knotenreihen entlohnt werden. Der Lohn pro Reihe betrug 1978 10 - 50 Rial und variierte mit der Breite und der Qualität des Teppichs sowie den Fähigkeiten der Knüpferin (68). Die Einkünfte der Knüpferinnen entsprechen in etwa denen bei Tagelohn. Als dritte Möglichkeit können die Knüpferinnen einen vorher vereinbarten Stücklohn erhalten.

Die verschiedenen Arten der Entlohnung beeinflussen die Güte der Arbeit. Wird die Knüpferin nach der zweiten und dritten Möglichkeit entlohnt, kann sie durch eine schnelle Arbeit ihre Einkünfte erhöhen, was sich meist negativ auf die Qualität der Produkte auswirkt. Die von Großproduzenten, die Tagelohn zahlen, stammenden Fabrikate sind daher meist besser als die anderen und tragen oft den Namen der jeweiligen Firma.

Die selbständige Knüpferin kann die Differenz zwischen Kosten und Verkaufspreis, die für ostad-karan arbeitende 40 - 60% des Verkaufspreises als Arbeitsentgelt ansehen. Ihr Einkommen zu bestimmen und mit dem lohnabhängiger Knüpferinnen oder anderer Handwerker zu vergleichen, ist nicht einfach, da die Produktivität nur schwer abgeschätzt werden kann und wohl auch individuell unterschiedlich ist. Die in ihrer Wohnung arbeitenden Frauen sind außer mit der Teppichproduktion mit Hausarbeit und Kinderpflege oder mit landwirtschaftlichen Tätigkeiten beschäftigt, so daß keine feste tägliche Arbeitszeit angenommen und die tatsächlich aufgewendete nicht ermittelt werden kann.

Legt man eine ähnliche Knüpfleistung zugrunde wie bei einer guten lohnabhängigen Knüpferin (900 Knoten/h), wären pro qm für einen Teppich der Provenience

	Knoten pro qcm	Arbeitsstunden
Esfahan	bei 40-75[69]	445-835
Na in	29-100	320-1110
Shahr-e-Kord	8-38	90-420
Najafabad	9-29	100-320
Meymeh	8-85	90-945

erforderlich.

Die angenommene Knüpfleistung ist wohl etwas zu hoch angesetzt, da weitgehend Kinder die Arbeit ausführen.

Beispielsweise arbeiten an einem Na in-Teppich von 1,2 x 2,6 qm (3,12 qm) zwei Töchter ständig und die Mutter nebenbei 5-7 Monate lang [70].

Legt man entsprechend der Knüpfleistung den Tagelohn einer qualifizierten Knüpferin zugrunde, so müßte sich der Reinerlös pro qm in folgenden Grenzen bewegen:

Provenience	bei niedriger Zahl der Arbeitsstunden und 20 Rial/h	bei hoher Arbeitsstundenzahl und 40 Rial/h
Esfahan	8.900	33.400
Na in	6.400	44.400
Shahr-e-Kord	1.800	16.800
Najafabad	2.000	12.800
Meymeh	1.800	37.800

Tabelle 21: Teppichpreise pro Quadratmeter beim Verkauf durch den Knüpfer

Ort/Provenience	Teppichart	Preis pro qm (in Rial)
Esfahan	Brücke 1 x 1,5 m aus Kork u. Seide	37.000-90.000
Na in	Teppich aus Seide u. Wolle	15.000-30.000
	Teppich aus Seide u. Kork	30.000-60.000
Shahr-e-Kord	Teppich 3 x 4 m	15.000-40.000
	Teppich 2 x 3 m	15.000-30.000
Najafabad	Teppich 3 x 4 m	7.500-20.000
	Teppich 2 x 3 m	7.500-30.000
Meymeh	Teppich 2 x 3 m	13.000-30.000

Quelle: eigene Erhebung 1978

Tabelle 21 nennt die Preisintervalle, in die die Verkaufserlöse der Knüpfer fallen. Auffällig ist, daß der Quadratmeterpreis nicht nur von dem verwendeten Material abhängt (Na'in), sondern auch von der Größe des Teppichs, wobei in Shahr-e Kord der Preis pro qm mit der Größe steigt, in Najafabad aber fällt. Die Preise auch der Teppiche ähnlicher Art besitzen einen enormen Spielraum, der nicht nur durch Qualitätsunterschiede, sondern auch von der Verhandlungsstärke der Knüpfer abhängig ist. Wie oben dargelegt, müssen sich gerade die ländlichen Knüpfer mit geringen Erlösen zufriedengeben. Zu dem im Mittel unterdurchschnittlichen Verkaufspreis treten zusätzlich noch höhere Materialkosten, so daß der ländliche Knüpfer doppelt benachteiligt wird. Wie groß die Erlöseinbußen sind, läßt sich aber im einzelnen nicht genau angeben.

Im Falle der für ostad-karan arbeitenden Knüpfer fällt die Benachteiligung der ländlichen durch höhere Materialkosten aus, da diese vom ostad-kar getragen (und die Materialien wohl auch in der Stadt besorgt) werden.

Werden beim niedrigsten Verkaufspreis die höchsten Unkosten in Rechnung gestellt und vice versa, ergeben sich Gewinnspannen, deren untere Grenze zwischen den oben für Stundenlöhne von 20 und 40 Rial errechneten liegt, deren obere bis zum 2 1/2fachen über die 40 Rial-Marke steigt, also bis auf 100 Rial/h, wobei dieser Wert nicht nur rechnerische Relevanz besitzt, sondern in der Realität durchaus anzutreffen ist. Nur in Meymeh liegt auch dieser Wert unter den 40 Rial-Grenzen, wohl eine Folge davon, daß die angegebenen Preise nicht den hohen Knotenzahlen entsprechen.

Die für ostad-karan arbeitenden Knüpferinnen beziehen ein erheblich geringeres Einkommen als die selbständigen - allerdings ein etwas höheres als die lohnabhängigen, da die Materialkosten einen relativ geringen Anteil am Verkaufspreis einnehmen, im Höchstfall ca. 1/3, im Mittel zwischen 10 - 20%, sie also darüber hinaus bis zu 40% oder gar mehr an den ostad-kar abführen.

2.3. Handwerk und Rentenkapitalismus

Der Überblick über die räumlichen Verbreitungsmuster und sozio-ökonomischen Organisationsformen des Handwerks in Esfahan zeigt drei bemerkenswerte Erscheinungen, die es von traditionellen wie modernen Mustern europäischen Handwerks abzuheben scheint:

a) die nach wie vor beträchtliche räumliche Konzentration einzelner und/oder miteinander verwandter Handwerkszweige;

b) die Auflösung des Produktionsvorgangs in viele isolierte und auch organisatorisch eigenständige Schritte sowie die starke Rolle eines wenig produktiven Zwischenhandels und Maklertums;

c) die weitreichenden räumlichen Verflechtungsmuster zwischen dem Handwerkszentrum Esfahan und seinem näheren wie weiteren Umland.

a) Räumliche Konzentration

Wenn die branchenmäßige Sortierung von Handelswaren und Dienstleistungen auch seit langem zu den anerkannten Merkmalen des orientalischen Bazars (vgl. WIRTH 1974: 75) gehört, so ist die Konzentration einzelner Handwerkszweige im Bazar- und Altstadtbereich von Esfahan nach wie vor ein auffälliges Phänomen. Die Ausführungen über verschiedene Formen des Gebrauchs- und Kunsthandwerks haben dabei jedoch gezeigt, daß dieser Konzentrationsprozeß in unterschiedlichen Branchen unterschiedlich stark ausgeprägt ist. Die Schuhherstellung z. B. zeigt eine auffällige Konzentration im Bazar selbst sowie an der nördlichen und östlichen Peripherie des Meydan-e-Naqsh-e-Jahan (ehem. Meydan-e-Shah). Als Teil des lederverarbeitenden Handwerks bilden die Schuhmacher sensu stricto nicht nur eine enge räumliche wie betriebliche Symbiose mit den Herstellern des Oberleders (vgl. z. B. Abb. 7 und 8), sondern auch mit denen der sonstigen Lederverarbeitung (vgl. dazu Bazarkartierung!). Daß für diese Konzentration der handwerklichen Fabrikationsstätten u. a. organisatorische Gründe ausschlaggebend sind, wird von den Beteiligten selbst immer wieder betont. Indirekt aber kommt dies auch zum Ausdruck darin, daß Verkauf und Reparatur von Schuhwaren (vgl. Abb. 9) keineswegs das gleiche konzentrierte Verteilungsbild wie die Herstellung aufweisen: Schuhgeschäfte wie Reparaturwerkstätten sind über die gesamte Stadt fast gleichmäßig gestreut. Angebot und Nachfrage sind hier die bestimmenden Faktoren für die Standortverteilung.

Auch Kupferschmiede (Abb. 13) und Intarsienherstellung (Abb. 15) zeigen eindeutige Konzentrationserscheinungen auf einige wenige und eng umgrenzte Standorte. Bei den Kupferschmieden bildet das unmittelbare Umfeld des Meydane-Naqsh-e-Jahan den wichtigsten Standort: während die Lärmbelästigung bei der Bearbeitung und Herstellung von Kupfer- und anderen Schmiedeerzeugnissen ganz sicher einer der traditionellen Gründe für den räumlichen Konzentrationsprozeß dieses Handwerkszweiges ist, trägt heute auch der Tourismus zu einer Beibehaltung und sogar Ausweitung dieses Standortes der Kupferschmiede bei. Fast ausschließlich tourismusorientiert sind Herstellung und Verkauf von Intarsien, wie bereits aus der Lokalisation der entsprechenden Betriebe hervorgeht (Abb. 15). Daß - abgesehen von den Fällen, bei denen Intarsien Teil eines allgemeinen touristischen Warenangebots sind - Herstellung und Verkauf häufig in den gleichen Räumen geschieht, verwundert angesichts des geringen Raumbedarfs dieses handwerklichen Produkts nicht: Lagerung des Zubehörs wie auch der Arbeitsplatz erfordern ebensowenig wie das Fertigprodukt selbst größere Raumkapazitäten. Diese Standortvorteile bilden, zusammen mit dem vergleichsweise hohen Wert der Fertigprodukte, wohl die Ursache für die auffällige Schwerpunktbildung dieses Handwerkszweiges an Chahar-Bagh und Meydan-e-Naqsh-e-Jahan, d. h. an den teuersten und besonders tourismusausgerichteten Verkaufszentren Esfahans.

Die Lokalisation der Möbelherstellung (Abb. 11), eines gebrauchs- wie kunsthandwerklichen Zweiges des Esfahaner Handwerks, zeigt - dem vorwiegend lokalen Bedarf der Möbelmanufaktur entsprechend - wiederum eher "ubiquitäre" Züge der Standortverteilung. Dies gilt in gewisser Weise auch für die Teppichmanufaktur, wenngleich hier, stärker als bei anderen Handwerken, zwischen Herstellung und Verkauf unterschieden werden muß. Angesichts des ausgesprochen heimindustriellen Charakters der Teppichmanufaktur (vgl. dazu Abb. 28) finden sich Knüpfereien nicht nur in den meisten Stadtteilen Esfahans in ziemlich gleichmäßiger Streuung, sondern auch in den Städten und Dörfern des Esfahaner Umlandes. Bedingt auch durch die Rolle der Makler sowie der Groß- und Zwischenhändler ist dieses Verteilungsmuster verständlich und zugleich ein Beleg für die von WIRTH (1973: 328) betonte Tatsache, daß die Stadt "ein sehr aktives Organisationszentrum, welches im städtischen Umland wirtschaftliche Entwicklungsprozesse in Gang setzt", sei. Zulieferbetriebe für die Teppichmanufaktur (Abb. 26 und 27) und vor allem der Handel mit dem Fertigprodukt (Abb. 29) zeigen demgegenüber die schon angesprochene Konzentration. Stärker als bei anderen Branchen fällt der Bazar als bevorzugter Standort des Handels auf, in unmittelbarer Nähe der großen touristischen Durchgangsstraßen und des Bazareingangs einerseits, in Nachbarschaft der Zulieferbetriebe und vor allem der großen Teppichlager andererseits.

Insgesamt stellen sich anhand der im Vorhergehenden näher analysierten Fallbeispiele und im Zusammenhang mit der abschließenden Übersicht zwei Fragen:

- die Frage, ob es sich bei dieser räumlichen Standortverteilung um eine "orientalische Einmaligkeit" oder aber um ein aus anderen Kulturkreisen bekanntes Verbreitungsmuster handelt; und
- die Frage, ob es nicht zumindest in der Vergangenheit auch in Mitteleuropa ähnliche räumliche Standortverteilungen gegeben hat.

Die zweite Frage, die hier nicht weiter verfolgt werden soll, ergibt sich aus historischen Straßenbezeichnungen (Bäckerstraße, Schmiedestraße, Pferdemarkt usw.), die für eine positive Antwort sprechen. Der Versuch einer Antwort auf die erste Frage legt nahe, Standortverteilung und räumliche Verbreitungsmuster von Handel und Handwerk als durchaus rational zu bezeichnen.
Konzentration und räumliche Nachbarschaft im Fertigungsbereich bestimmter handwerklicher Artikel (z.B. Schuhe, Kupfer), Dezentralisation bei deren Verkauf und Reparatur sprechen dafür. Auch die räumlichen Organisationsformen anderer Handwerker sind wohl weniger Ausdruck einer spezifischen "orientalischen" Tradition, sondern eher Anpassung an die Möglichkeiten eines prä- bzw. frühindustriellen Manufakturwesens.

b) Organisation des Handels und Handwerks

In der Auflösung agrarischer und handwerklicher Produktion in einzelne Eigentumstitel und Leistungen hat BOBEK in seinem berühmten Aufsatz des Jahres 1959 eines der wesentlichen Merkmale des von ihm sog. rentenkapitalistischen Wirtschaftssystems gesehen. Dabei gehört für ihn zum Wesensmerkmal des Rentenkapitalismus, daß "Aneignung der Betriebsmittel und Bevorschussung bzw. Verschuldung" (BOBEK 1959: 282), meist durch Kapitaleigner in Form von Grundeigentümern, Kaufleuten, Händlern und/oder Maklern - einer parasitären Zwischen- und Mittlerschicht also - dieses System auszeichnen und es effizient gestalten.

Die Analyse der wirtschaftlichen und sozialen Organisationsformen des Esfahaner Handwerks belegt, daß "parasitäres Schmarotzerverhalten" innerhalb einzelner Handwerkszweige bei der Belieferung der Handwerker bzw. bei der Vermarktung ihrer Produkte vorkommen. Ebenso wird aber deutlich, daß bei anderen Handwerken alles dies ausgeschaltet ist und statt dessen direkte und auch aus "westlichen Ökonomien" bekannte Handelsmechanismen wie z. B. "Rohstoffbezug beim Großhändler - Verarbeitung durch den Handwerker - Verkauf an den Endverbraucher" vorkommen. Vor allem bei den Gebrauchshandwerken der Möbelschreinerei, Schuhmacherei und der Kupferverarbeitung zeigt sich, daß Zwischenhändler und Makler vom Produktions- und Vermarktungsprozeß weitgehend ausgeschlossen bleiben (vgl. Abb. 10, 12 und 14) und die Fertigung der Produkte somit meist ohne große zwischenhandelsbedingte Aufpreise auf den Markt gelangen. Rohstoffbezug und Absatz des Intarsienhandwerkes (Abb. 16) belegen sogar eine nicht zu unterschätzende Rolle der staatlichen Handwerksorganisation.

Diese Beispiele lassen die "parasitär-schmarotzerhafte" Wirkungsweise einer "rentenkapitalistischen Wirtschaftsgesinnung" für die Gegenwart nur schwer nachvollziehbar werden. Wirtschaftliche wie soziale Organisationsformen erinnern wiederum eher an die "Rationalität" europäisch-westlichen Handwerks unter frühindustriellen Bedingungen. Wenn auch nachdrücklich betont wird, daß eine solche Schlußfolgerung nur für die hier vorgestellten Fallbeispiele postuliert wird, so ist davon auszugehen, daß sie auch für andere Handwerksbereiche gilt. Umgekehrt ist kaum bestreitbar, daß das Beispiel der Teppichmanufaktur "rentenkapitalistische Praktiken" im Sinne BOBEKs deutlich werden läßt.

Nahezu auf allen Stufen von Teppichmanufaktur und Teppichhandel treten Groß- und Zwischenhändler, Makler und andere Mittelsmänner in Erscheinung. Dies mag zum einen damit zusammenhängen, daß bei der Teppichmanufaktur mit Spinnen und Färben der Wolle, mit den Entwürfen der Knüpfmuster und dem Aufbau der Knüpfrahmen, mit der Verwendung von Schaf- und Baumwolle sowie Seide mehr als in anderen Handwerken verschiedene Vorstufen vor der eigentlichen Fertigung des handwerklichen Produktes eingeschaltet sind. Zum zweiten hängt es ganz sicherlich auch damit zusammen, daß zwischen Arbeitsbeginn und der Fertigstellung des Endproduktes ein sehr viel längerer Zeitraum als in anderen Handwerken besteht. Bei Knüpfzeiten von mehreren Monaten vermag ein einzelner Knüpfer und/oder seine Familie die Zeitspanne zwischen Beginn und Ende des Fertigungsprozesses aus eigener Kraft finanziell z. T. nicht zu überbrücken, so daß er auf Zwischenfinanzierung durch Dritte angewiesen ist. Drittens schließlich stellt die Teppichmanufaktur auch von der räumlichen Organisation und Koordination zwischen Stadt und Land (vgl. Abb. 21-24) her erheblich höhere Anforderungen, denen der einzelne Knüpfer, aber wohl auch ein zunftartiger Zusammenschluß nur schwer nachkommen kann. Alle diese Aufgaben erfüllt aber der Mittelsmann, gleich welcher Prägung.

Wenn also in der relativ komplizierten Organisation von Teppichmanufaktur und Teppichhandel "rentenkapitalistische" Strukturen BOBEKscher Prägung am stärksten durchbrechen, so gilt als Ergebnis eines solchen Befundes zu bedenken und zu fragen:

1) Gilt dies auch für andere Handwerkszweige ähnlich komplizierter Wirtschafts- und Sozialorganisation oder stellt das Fallbeispiel "Teppich" einen Ausnahmefall dar?

2) Ist diese Organisationsform abermals ein "orientalisch-rentenkapitalistisches" Spezifikum oder läßt sie sich nicht auch mit frühindustriellen Formen europäischer Heimindustrie und europäischen Verlagswesens z. B. in der Textilindustrie vergleichen?

Auf beide Fragen kann im Rahmen dieser Arbeit keine kompetente Antwort gegeben werden. Dennoch sei darauf hingewiesen, daß gerade im Zusammenhang mit Analysen der Entwicklung der persischen Teppichmanufaktur im 19. und 20. Jahrhundert in letzter Zeit mehrfach auf die Symbiose von tradierten persischen Geschäftspraktiken einerseits und ihre Übernahme und Vervollkommnung durch europäische Handelshäuser andererseits (vgl. zuletzt EHLERS, im Druck) hingewiesen wurde.

Wenn künftige und vor allem auf interkulturellen Vergleich abhebende Studien über Handwerker und Handwerk im islamischen Orient den vorliegenden Befund erhärten sollten, daß nämlich eine große (vielleicht sogar die größere Zahl handwerklicher Betriebe) durchaus nach rationalen Kriterien westlicher Prägung arbeitet, andererseits aber sog. rentenkapitalistische Wirtschaftsweisen besonders ausgeprägt in Symbiose mit der Penetration der persischen Wirtschaft durch ausländisches Kapital auftreten, dann wird man das Phänomen "Rentenkapitalismus" unter neuen Aspekten betrachten müssen.

c) Handwerk und Stadt-Umland-Problematik

Ein besonderes Kennzeichen der räumlichen, wirtschaftlichen wie sozialen Organisationsformen nicht nur des Esfahaner Handwerks, sondern wirtschaftlicher Aktivitäten des iranischen Handels und Handwerks allgemein (vgl. z. B. BONINE 1980; EHLERS 1978, MOMENI 1976) scheint das starke Ausmaß der Verflechtungen des Produktionszentrums mit seinem nahen und/oder fernen Umland zu sein. Diese räumlichen Einbindungen in ein größeres System gelten sowohl für den Bezug von Rohstoffen als auch für den Absatz fertiger Produkte.

Die den Bezug der Rohstoffe nachzeichnenden Flußdiagramme (vgl. Abb. 10, 12, 14 und 16) weisen für Schuhmacher, Möbelschreiner, Kupferschmiede wie Intarsienhandwerker Tehran als einen oder den Ausgangspunkt der Rohstoffbeschaffung aus. Bei der Möbelfabrikation tritt außerdem Qom als sekundäres und untergeordnetes Liefergebiet einzelnen Zubehörs in Erscheinung. Auch spielt Tehran in allen untersuchten Beispielen eine hervorragende, wenngleich nicht allein dominierende Rolle als Absatz- bzw. zwischengeschaltetes Vermarktungszentrum. Hier kommt ganz zweifellos die von EHLERS (1978: 130 f.) sog. "Usurpation der Bedarfsdeckung" durch die größeren Städte voll zum Tragen, für Rohstoffbeschaffung wie Absatz der Fertigwaren dieser vier handwerklichen Produkte sowie als Markt für fertige Teppiche (WIRTH 1976).

Auf einer anderen und ungleich intensiveren Ebene wird die Stadt-Umland-Verflechtung bei der Organisation der eigentlichen Teppichmanufaktur deutlich. Hier spielt Esfahan als wirtschaftliches Organisationszentrum eine Rolle, vor allem soweit die Fabrikation von Großproduzenten betrieben wird, und bindet über eine Reihe von städtischen Subzentren das bäuerliche Umland der Provinz an sich. Der Rohstoffmarkt und Absatz der Fertigprodukte dieser Subzentren wird allerdings nur z. T. von Esfahan beherrscht.

Vergleicht man die Ergebnisse der Untersuchungen zum Esfahaner Handwerk mit denen anderer Studien über Organisationsformen iranischen Handels und Handwerks (vgl. besonders BONINE 1975/1980; EHLERS 1975 ff.), so ergibt sich bei dem Versuch, unsere Befunde in die Diskussion um die aus wirtschaftlichen Kriterien abgeleitete Hierarchie des iranischen Städtewesens einzuordnen, das folgende Ergebnis:

- Tehran hat teilweise als wichtigster Versorgungsort für Rohmaterialien zu gelten und dominiert bei hochwertigen handwerklichen Produkten (Intarsien, Teppiche) auch den Absatz; bei beiden nimmt es eine Brückenkopffunktion gegenüber dem Ausland ein.

- Esfahan als Fallbeispiel dieser Studie ist einerseits zwar abhängig von Tehran, andererseits aber wirtschaftliches wie soziales Organisationszentrum des Handwerks des Raumes; das Beispiel der Teppichproduktion zeigt aber, daß dieses Zentrum partiell auch übersprungen werden kann.

- Nachgeordnete Städte wie Shahr-e-Kord, Na'in oder Najafabad stellen das Zwischenglied zwischen Esfahan bzw. anderen höherrangigen und z. T. auch gleich geordneten Städten und dem flachen Lande dar und profitieren somit von beiden.

- Ländlich-nomadische Gebiete bilden ein wichtiges Reservoir für Rohstoffe wie Arbeitskräfte und sind über verschiedene Zwischenstufen (Zentraldörfer, Kleinstädte!) an die dominierenden Metropolen angebunden.

Bei dieser Hierarchisierung gilt - und darauf hat vor allem BONINE (1975/80) hingewiesen -, daß sie nur für hochwertige Güter in ihrer Ganzheit existiert; für qualitativ geringere handwerkliche Produkte können bereits nachgeordnete Städte wie

Najafabad oder Na'in das Zentrum sein. Insgesamt ist auffällig, daß das von EHLERS (1978, Abb. 6) entwickelte Schema der siedlungsgeographischen Hierarchisierung Irans auch auf die räumlichen, wirtschaftlichen wie sozialen Organisationsformen des Esfahaner Handwerks anwendbar erscheint.

Insgesamt wird man feststellen müssen, daß die von BOBEK beschriebenen "rentenkapitalistischen" Strukturen zwar partiell in der modernen Organisation des Esfahaner Handwerks vorkommen, in weiten Bereichen des traditionellen Gebrauchshandwerks aber zu fehlen scheinen. So bedarf es sicherlich noch weiterer Studien zu diesem Problemkreis, bevor die Frage, ob das Handwerk in ähnlich starkem Maße wie die agrarische Produktion von "rentenkapitalistischen" Abhängigkeitsverhältnissen durchsetzt ist, definitiv beantwortet werden kann. Bislang und aufgrund der zuvor dargestellten Befunde kann man die Frage höchstens mit Einschränkungen positiv beantworten. Wichtig und äußerst notwendig erscheint dabei auch ein Vergleich mit den Organisationsformen des präindustriellen Handels und Handwerks in Europa.

ANMERKUNGEN

(1) Darüber hinaus war die Praxis der Stiftung eine beliebte Form, sein Eigentum vor staatlichen Übergriffen sowie der Zersplitterung durch Erbteilung zu schützen. In diesen Fällen kamen die Einnahmen dem Stifter oder seiner Familie zugute.

(2) So werden z. T. lediglich quantitative Kriterien wie die Betriebsgröße zur Abgrenzung von Industriebetrieben verwandt, z. T. komplexe Definitionen herangezogen, die "Handwerk" als "selbständige Gewerbebetriebe", "Stand selbständiger Gewerbetreibender", "Betriebssystem" und/oder "Gruppe von Berufen" fassen (vgl. HdSW 1956, Bd. 5: 24).

(3) In den Teppichknüpfereien der Provinz waren 1971 in 47.261 Werkstätten 60.726 Knüpfer beschäftigt, von denen 99,7% (60.541) Frauen waren. Der Anteil der in Familienbetrieben Beschäftigten betrug 91,6% (SCI 1975 a).

(4) Shah 'Abbas überließ sein Ackerland den Landbewohnern und verlangte als Gegenleistung, daß sie in den Werkstätten für ihn Teppiche knüpften.

(5) Der kalantar, dem die Stellung eines Stadtverwalters zukam, war zwar offiziell für die Interessen der Zünfte und Stadtbewohner zuständig, vertrat aber tatsächlich die Interessen der Mächtigen (vgl. FLOOR 1971 b; KESHAWARZ 1975: 538).

(6) Das Arbeitsamt vermittelt nicht nur Arbeitskräfte, sondern führt u.a. auch die Gewerbeaufsicht.

(7) Bis 1970 betrug der Versicherungsbeitrag 18%, von dem der Arbeitgeber 15% tragen mußte.

(8) Intarsien-Handwerker stellen 10% ihrer Erzeugnisse der Genossenschaft zur Verfügung.

(9) Zur Schuhherstellung im safavidischen Esfahan vgl. CHARDIN 1966: 137; KAEMPFER 1940.

(10) So gab es 1968 in Esfahan 18 Werkstätten mit 26 Beschäftigten, die Stoffsohlen herstellten, 1975 war diese Zahl auf 4 Betriebe mit insges. 7 Beschäftigten gesunken (vgl. SHAFAGHI 1969: 56; SCI 1975 b).

(11) Bei guter Geschäftslage müssen in Esfahan Beträge gezahlt werden, die sich auf umgerechnet mehr als 1 Mio DM belaufen.

(12) Eine besondere Art des Oberledermaterials wird in Iran als werni bezeichnet. Hier wird durch bestimmte Lacke ein besonderer Glanz der Oberfläche erzeugt. Iranisches werni besteht aus Rindsleder; das beste - aus Kanada importierte - werni wird aus Pferdehaut gegerbt.

(13) Zum Beispiel stammt "gelbe Pappe" aus Deutschland.

(14) Diese in Iran allgemein üblichen Konditionen machen es auch bei nur geringem Eigenkapital möglich, in Handelsgeschäfte u. a. einzusteigen, allerdings unter dem Zwang, die auf Kredit bezogenen Waren in der festgesetzten Frist umzusetzen, um den Kreditgeber befriedigen zu können und dann erneut entsprechende Güter zu erhalten. Dieser Zwang, der den Kreditnehmer mehr oder weniger fest an seinen Lieferanten bindet, führt dazu, daß der Kreditnehmer bei Absatzschwierigkeiten Waren auch unter dem Einkaufspreis, also mit Verlust, abgeben muß (vgl. hierzu auch RIST 1981).

(15) In diesen Fällen beziehen die Oberledermacher ihr Material wie die Schuster vom einschlägigen Einzelhandel.

(16) Herrenschuhe werden in den Größen 40 - 45, Damenschuhe in den Größen 36 - 40 angefertigt.

(17) Für das Oberleder von Damenschuhen 100 - 200 Rial, für Herrenschuhe 200 Rial und für Herrenstiefel 350 Rial.

(18) Die Verwendung von Sitzmöbeln ist allerdings schon unter den Achämeniden belegt. Auf einem Relief in Persepolis ist ein gedrechselter Stuhl abgebildet (vgl. POPE/ACKERMANN 1977: 345). Aus safavidischer Zeit ist belegt, daß am königlichen Hof niedrige Stühle verwendet wurden (vgl. z. B. Wandgemälde im Palast Chehel Sotun in Esfahan). KAEMPFER (1940: 121) erwähnt in seinem Reisebericht Möbelwerkstätten in Esfahan.

(19) Zum Teil werden hier auch billigere Klappstühle und -tische aus Metall verwendet. Das in Teilen der Bevölkerung veränderte Sitzverhalten und der Status von Luxusartikeln, der Polstermöbeln zugemessen wird, haben dazu geführt, daß diese heute z. T. Mädchen als Mitgift in die Ehe mitgegeben werden.

(20) Hervorgehoben werden soll, daß auch die Tischler, die unter Shah 'Abbas eine eigene Bazargasse besetzten, die noch heute ihren Namen trägt, wie die Möbelschreiner über die Stadt verteilt sind. Der Auszug aus dem Bazar mag mit dem Platzbedarf der Betriebe zusammenhängen.

(21) Die Aufbereitung erfolgt im Auftrag von Handel oder Schreiner durch Sägebetriebe oder Drechslereien, z. T. aber auch durch die Schreiner selbst.

(22) Es werden meist Farben auf Glukose- oder Zellulosebasis verwendet.

(23) Die im Vergleich zu anderen Handwerken recht hohe Qualifikation der in der Möbelfabrikation Beschäftigten drückt sich in einer vergleichsweise niedrigen Analphabetenrate aus. Ihr Qualifikationsniveau reicht vom einfachen Arbeiter bis zum "Möbelingenieur" (mohandes). Ein Ausbildungs-

gang der Gewerbeschule (honarestan) ist auf dieses Berufsfeld orientiert.

(24) Die Löhne sind entsprechend des relativ hohen Qualifikationsniveaus in der Möbelherstellung vergleichsweise hoch. So verdiente 1977/78 ein einfacher Arbeiter zwischen 150 - 200 Rial (3.75 bis 5. -- DM) täglich, "Gesellen" 200 - 400 Rial (5. - bis 10. - DM) und Facharbeiter (ostad = "Meister") bis zu 1.500 Rial (37.50 DM). Manche Facharbeiter arbeiten stundenweise für 100 - 150 Rial (2.50 bis 3.75 DM) pro Stunde.

(25) Der relativ hohe Selbstversorgungsgrad wurde seit 1962 erreicht, als in Iran mehrere Schmelzwerke errichtet wurden. Ein geringer Prozentsatz der von Kupferschmieden verarbeiteten Bleche wird auch heute noch importiert.

(26) Hier wird das Metall zum Abschluß eines 1 1/2 bis 2stündigen Schmelzvorganges in Barren unterschiedlicher Größe gegossen (50 x 30 x 3 cm^3 40 x 25 x 2 cm^3, 30 x 25 x 3 cm^3, 25 x 20 x 2 cm^3) und anschließend zu Blechen ausgewalzt.

(27) Für die Esfahaner Schmelzereien sind die Kupferschmiede die wichtigsten Abnehmer. Die Tehraner u.a. Schmelzereien liefern jedoch vorwiegend an Industriebetriebe.

(28) Der Tehraner Großhandel vertreibt schwerpunktmäßig Kupfer, daneben aber auch andere Metalle und beliefert nicht nur die verschiedensten metallverarbeitenden Handwerkszweige, sondern auch Industriebetriebe. Auch die Schmelzereien versorgen sich hier mit Rohmaterial.

(29) Vergolden und Versilbern von Metallen geschieht im allgemeinen mittels Elektrolyse. Diese wird aber nicht in Verzinnwerkstätten durchgeführt, sondern in spezialisierten Goldschmiedebetrieben.

(30) Selbst nach Städten wie Yazd und Kerman werden Esfahaner Erzeugnisse exportiert.

(31) Einige Schmiede verkaufen an wenige Zwischenhändler, die auf die Belieferung bestimmter Ortschaften spezialisiert sind. Da zwischen verschiedenen Lokalitäten Stilunterschiede in Kupfergeschirr bestehen, sind diese Kupferschmiede auf bestimmte Stilrichtungen spezialisiert.

(32) Bei 36 Arbeitern würden sich tägliche Lohnkosten von 7.200 Rial ergeben, wenn die obere Grenze des (Hilfs-)arbeitslohnes als Mittel angenommen wird. Da Facharbeiterlöhne z.T. beträchtlich über diesem Wert liegen, ist dieser Wert wohl zu niedrig angesetzt.

(33) Hier wird angenommen, daß bei arbeitsintensiven Produkten die geringere Materialmenge verarbeitet, dafür aber der höhere Preis pro kg verlangt wird und vice versa.

(34) Angestellte Arbeiter erhalten 150 - 200 Rial täglich, bei einer durchschnittlichen Produktivität von 10 kg pro Tag, was nach Abzug der Lohnkosten auf einen Gewinn von 600 - 2.350 Rial/Tag für den Werkstattbesitzer hinausliefe.

(35) Nach Schätzungen der IHO machen kleine Gegenstände wertmäßig etwa 84% der Intarsienproduktion aus. Tische, Stühle, Schränke u. ä. nur 16% (IHO 1975 a: 3).

(36) Neben den üblichen geometrischen Mustern wurde 1955 von Issa Bahadori eine neue Stilrichtung ins Leben gerufen, die auch florale und figurative Elemente enthält. Die neuen Muster wurden von anderen Handwerkern zwar bald übernommen, die traditionellen spielen jedoch nach wie vor die dominierende Rolle (FARJAD 1976: 27).

(37) Die Herkunft dieses Kunstgewerbes ist umstritten. Nach FARJAD (1976: 16) werden persische Intarsien z. T. auf chinesische oder indische Vorbilder zurückgeführt, z. T. auch eine Entstehung im Vorderen Orient schon in vorchristlicher Zeit angenommen. Intarsienarbeiten aus Knochen, Metall und Holz waren spätestens mit der Islamisierung in Iran üblich.

(38) Zum Beispiel eine Bilderrahmenserie in den Maßen 10 x 15, 13 x 18, 18 x 24, 24 x 30 qcm.

(39) Zum Färben muß Holz 2-3 Stunden in kochender Farbe liegen. Knochen werden 4-5 Monate lang in einer Kalklösung entfettet, danach 5-6 Monate lang in einem Farbbad aufbewahrt.

(40) Diese Läden besitzen europäischen Gepflogenheiten entsprechend meist Schaufenster, die ebenfalls über das handwerkliche Können des Besitzers Auskunft geben.

(41) Hierbei handelt es sich vor allem um Transportkosten. Miete für ein Ladenlokal, Steuern und Versicherungen, die den Reingewinn des Handwerkers beschneiden, entfallen dagegen.

(42) 1973 betrug der Facharbeiterlohn ca. 800 Rial täglich.

(43) Die Preise eines Werkstücks werden nach der Intarsienfläche berechnet, pro qcm 5 - 10 Rial. Eine Tischplatte von 50 x 50 cm würde also zwischen 12.500 und 25.000 Rial kosten. Der Bilderrahmenpreis wird nach einer anderen Methode berechnet: Länge und Breite werden addiert, pro cm wird bei einem einfachen Rahmen 10 - 45 Rial, bei einem mit Intarsien überladenen 150 - 450 Rial oder noch mehr angesetzt. Ein 30 x 40 cm großer Rahmen würde somit in einfacher Ausfertigung 700 - 3.150 Rial, in reicherer Ausführung bis zu 31.500 Rial, also mehr als 1.000.- DM, kosten.

(44) Nach Angaben der IHO (1977: 23) produzieren die Esfahaner Intarsienhersteller pro Jahr Intarsien im Werte von ca. 27,17 Mio Rial. Diese Zahl läßt sich streng genommen nicht auf die Zahl der in Tab. 14 angeführten Handwerker beziehen, da nicht angegeben ist, für welches Jahr der Produktionswert Gültigkeit besitzt. Auch ist unklar, ob die Wertangabe sich auf den Verkaufspreis der Produzenten bezieht. Vergleicht man beide Zahlen dennoch miteinander, ergibt sich eine Tagesproduktion pro Handwerker von 295 Rial bzw. 444 Rial, läßt man die Lehrlinge unberücksichtigt, eine Größenordnung, die wohl weit unter den tatsächlichen Werten liegen dürfte. So scheint die von der IHO angegebene Gesamtproduktion zu gering. Das gilt selbst dann, wenn man in Rechnung stellt, daß die Zahl sich auf den Beginn der 70er Jahre beziehen mag und Beschäftigtenzahlen wie Preise noch nicht das Niveau von 1975 erreichten. Selbst wenn pro Meister und Facharbeiter nur eine Tagesproduktion zugrunde gelegt wird, die an der oberen Grenze des Facharbeiterlohnes liegt - das entspräche einer Intarsienfläche von 0,15 - 0,3 qm - ergäbe sich ein Wert der Jahresproduktion der Esfahaner Intarsienhersteller von 91,8 Mio Rial (bei 170 Facharbeitern/Meistern und 360 Arbeitstagen).

(45) Die rezente Ausweitung der Produktion sollte nicht vergessen machen, daß es sich um ein traditionsreiches Produkt handelt, das auch zur Safavidenzeit in Europa bekannt war. Der älteste, noch erhaltene Teppich persischer Herkunft wurde 1949 in Altai entdeckt und auf ein Alter von 2400 Jahren datiert (vgl. London News vom 11.7.1953: 69-71).

(46) Mitte der 30er Jahre existierten in Esfahan ca. 2.000 Webstühle, im Umland ca. 500. 1949 war die Zahl auf 600 in der Stadt und 300 - 400 in vier Dörfern nahebei gesunken (EDWARDS 1953: 308).

(47) Die Provinzen Bakhtiari, Esfahan und Yazd entstanden 1971 bei einer Aufteilung der damaligen 10. Provinz (Esfahan).

(48) Nach Auskunft des Besitzers der heute größten Teppichmanufaktur in Na in.

(49) Der Esfahan-Teppich besteht aus Wolle und <u>kork</u>, gelegentlich auch Seide, im Flor, Baumwolle oder Seide im Grundgewebe. Es werden normalerweise Größen von 75 x 100 qcm bis 300 x 400 qcm geknüpft, auf Bestellung aber auch noch größere Teppiche. Als Design herrscht das Medaillon vor, daneben werden Shah Abbasi-, Eslimi-, Boteh- und Afshan-Muster geknüpft (zu den Mustern vgl. z.B. EDWARDS 1953; WARZI 1976).
In Material, Muster und Größe ist der Na in-Teppich dem Esfahan-Teppich ähnlich. Allerdings werden auch noch kleinere Stücke (60 x 80 qcm) hergestellt. Das Boteh- und Afshan-Design findet keinen Gebrauch.
In Najafabad wird Seide nicht benutzt. Die Teppiche mit Medaillon (mit dreieckigem Eckstück) oder auch Afshan- und Khatai-Design haben eine Größe von 125 x 225 qcm, 200 x 300 qcm bzw. 300 x 400 qcm.

In Shahr-e-Kord werden nur Wolle und Baumwolle verarbeitet. Das als "Bakhtiari-Teppich" bekannte Muster teilt das Feld in Quadrate, die mit floralen Formen gefüllt sind. Daneben finden Hamadan-Muster Verwendung. In Shahr-e Kord werden vor allem große Teppiche geknüpft, 200 x 300 qcm, häufiger noch 300 x 400 qcm und größer (nach Bestellung).
Die Knüpfer in Meymeh benutzen Wolle oder kork für den Flor und Baumwolle für die Kette. Die Teppiche mit Keshmiri-, daneben auch Medaillon- und Josheqani-Muster besitzen Größen zwischen 60 x 80 qcm und 200 x 300 qcm, gelegentlich auch noch größere Maße.
In Golpaygan wird nur Wolle mit Baumwolle verarbeitet. Das Kashmiri-Muster herrscht vor, daneben finden sich Medaillons. Die Maße betragen 200 x 300 qcm, manchmal auch 300 x 400 qcm.

(50) Die Qualität der Wolle hängt außer von der Schafrasse vom Futter und Klima ab. Die aus der Provinz Kerman stammende Wolle genießt einen besonders guten Ruf. Das Vlies getöteter Tiere wird allgemein als geringwertig eingestuft.

(51) Die Schafe werden bereits vor der Schur, die im Frühjahr und Herbst stattfindet, gewaschen. Die Wolle wird nachher farblich sortiert (weiß, gelb, bunt, schwarz) und später wiederholt gereinigt, um Hautfett, Schweiß, Urin, weitere Schadstoffe und verbrannte Stellen zu entfernen (vgl. WARZI 1976: 97). Vor allem auf dem Land reinigt man kleine Mengen der Wolle mit Seifenwurz oder Seifenkraut, wobei allerdings der Erfolg zu wünschen übrig läßt. Größere Wollmengen werden in der Regel gewaschen, indem die Wolle nacheinander fünf Waschgänge durchläuft: bei 20 bis 45°C Wassertemperatur wird die Wolle in klarem Wasser, drei Seifenlösungen abnehmender Konzentration (500, 100, 50 g Seife auf 100 l Wasser) gewaschen und abschließend wieder in klarem Wasser gespült. (WARZI, a.a.O.).
In Großwerkstätten bzw. Fabriken wird die Wolle heute mit modernen Maschinen gereinigt.

(52) Der Färbevorgang mit natürlichen Farbsubstanzen ist ausgesprochen kompliziert und erfordert eine dem eigentlichen Farbbad vor- oder nachgeschaltete Wollbehandlung. Als Beispiel seien die Färberezepte für einige Tönungen angeführt:
a) Schwarz oder Grau:
Das Farbbad besteht aus Wasser mit einer nach Tonstufen unterschiedlichen Menge Granatapfel- oder Walnußschalen (Mesokarp) bzw. Sumach (somaq). Anschließend wird die Wolle etwa eine Stunde lang in einer Lösung von Kupfersulfat, Eisen- oder Zinnchlorid erwärmt und aufgekocht.

b) Braun:
Dem Farbbad aus Granatapfel- oder Walnußschalen folgt ein Bad in

einer Lösung aus Färberwurzel (Krapp).

c) Rot:
Die Wolle wird 12 Stunden lang in einer Lösung aus Aluminiumsulfat und kashk (getrockneter Magermilchquark) eingeweicht, dann geschleudert und in einer Färberöte-(Krapp-)Lösung gekocht.

d) Violett:
Wie beim Rotton, der Farblösung ist jedoch zusätzlich Oxalsäure beigegeben.

e) Blau:
Indigo, Natriumhydrosulfit und Ammoniak werden in Wasser gelöst und 50°C erwärmt. Nach halbstündigem Abkühlen wird die Wolle 10-20 Minuten im Farbbad eingeweicht.

f) Gelb:
Aluminiumsulfat und Rezeda werden gekocht, anschließend die Wolle zugegeben.

g) Grün:
Gelbgefärbte Wolle wird anschließend in einer Indigolösung (blau) einem zweiten Färbevorgang unterzogen.

Nach dem Färben wird die Wolle in einer Seifenlösung gewaschen, wodurch nicht angenommene Farbe entfernt wird und die Wolle einen einheitlichen Glanz erhält.

(53) Im Meymeh-Bakhsh beispielsweise waren pilehwaran aus Najafabad und Esfahan, aber auch aus Orten des Nachbarostans wie Qom und Kashan aktiv.

(54) Mehr als 20 Beschäftigte haben in Esfahan 8, in Shahreza 3, in Khounssar und Homayun-Shahr jeweils 1 Betrieb.

(55) Allerdings ist dieses Material oft in großen Mengen und daher kostengünstiger bearbeitet worden, so daß der Bezug vom Händler doch billiger sein kann als eine Verarbeitung durch handwerkliche Spinnereien und Färber.

(56) Der horizontale Webstuhl ist bei Bedarf leicht abzubauen und wird daher gerade auch von mobilen ländlichen Bevölkerungsgruppen verwendet. Er erlaubt allerdings nur die Herstellung kleiner Teppiche und wird zu diesem Zweck auch in den Städten wie Esfahan benutzt.

(57) Das Muster (vgl. hierzu z.B. EDWARDS 1953; WARZI 1976) wird in Originalfarben auf kariertes Papier gezeichnet, wobei ein Knoten einem Karo entspricht. Es wird in Originalgröße angelegt, dann zerteilt und auf Brettchen oder Pappstreifen geklebt, die vom Knüpfer meist in Augenhöhe zwi-

schen die Kettfäden geklemmt werden. So wird es möglich, daß mehrere Knüpfer(innen) gleichzeitig an dem gleichen Teppich arbeiten.

(58) Die sehr zeitaufwendigen Arbeitsgänge, die von den eigentlichen Knüpferinnen verrichtet werden, umfassen Herstellung des Randgewebe (suf) und das Knüpfen des Flors, wobei jede Knotenreihe mit einem Schußfaden befestigt und mit Hilfe des Webkammes festgeschlagen wird. In Iran sind drei Knotenarten in Gebrauch, der "türkische Knoten" (torki baf), der "persische" oder "Senneh-Knoten" und ein einfacher, der den Zeitaufwand erheblich mindert, aber nur einen wenig haltbaren Flor hervorbringt. Der türkische Knoten ist z. T. noch in Bakhtiari, der persische in den anderen Teilen des Untersuchungsgebiets in Gebrauch (zu den Charakteristika der einzelnen Knoten und zum Knüpfvorgang vgl. EDWARDS 1953: 26-28).
Nach einigen Knotenreihen muß entweder das vollendete Stück am Webstuhl aufgewickelt werden, oder die Knüpferin muß ihren Sitzplatz höher anbringen, um wieder in die richtige Arbeitshöhe zu gelangen. Meist schneiden die Knüpferinnen nach einigen Reihen auch selbst die zu langen Fadenenden des Flors ab. Der fertige Teppich wird vom Webstuhl abgenommen, bedarf aber noch einiger abschließender Arbeiten.
Zum einen wird der Flor mittels einer Spezialschere gekürzt und auf eine gleichmäßige Länge gebracht, wodurch Muster und Farbgebung erst voll zur Geltung kommen. Bei ungleichmäßigem Arbeiten während des Kettfädenziehens oder Knüpfens oder als Folge eines Wechsels der Knüpferinnen kann es geschehen, daß ein Teppich nicht die gewünschte rechteckige Form erhält. Dies führt zu einer erheblichen Reduktion des Wertes. Daher wird in solchen Fällen versucht, diesen Fehler in etwa dadurch auszugleichen, daß mit Hilfe eines besonderen Instruments die kürzere Seite für eine gewisse Zeit gedehnt wird.

(59) Da durch die Heirat der Familie eine wertvolle Arbeitskraft verlorengeht, werden für geschickte Knüpferinnen heute höhere Brautpreise als gewöhnlich verlangt. Auch wird oft versucht, den Heiratstermin hinauszuzögern (vgl. auch STÖBER 1978: 165).

(60) In Na'in erhält der Knüpfer mindestens 60% des Preises, dazu oftmals Geschenke zu besonderen Gelegenheiten. Dies deutet eine weit stärkere Stellung des Knüpfers an als im Esfahan-Shahrestan. In Bakhtiari ist der Prozentsatz ähnlich dem von Na'in.

(61) Vor allem die Teppiche von Meymeh werden so gut wie nicht nach Esfahan vermarktet. Der Teppich ist hier nahezu unbekannt und findet kaum Käufer. In ganz Esfahan führen nur zwei Teppichhändler auch Meymeh-Teppiche in ihrem Sortiment.

(62) Vgl. z. B. SCHWEIZER (1972).

(63) Die Färbepreise sind je nach Farbton und Farbstoff unterschiedlich: Helle Farben sind billiger als dunkle, chemische mit 250 - 500 Rial pro 4,5 kg (in Esfahan) preiswerter als pflanzliche (600 - 1.200 Rial).

(64) Zwei Großspinnereien in Shahr-e-Kord beispielsweise, deren Garne sich zu 80% aus einheimischer, 10% überregionaler und 10% Kunstfasern zusammensetzen, verspinnen auch im Auftrage von Händlern u.ä. Rohwolle und berechnen dafür 100 Rial/kg.

(65) Die geringen Prozentsätze in Na'in und Meymeh kommen dadurch zustande, daß dörfliche Händler nicht existieren und die Knüpfer größere Mengen in der Stadt einkaufen (s.o.).

(66) Aus dem Jahre 1978 liegen dem Verf. keine Vergleichszahlen vor. 1971 aber betrug der Tageslohn im ländlichen Bereich 20 Rial, wohingegen die städtischen Knüpferinnen schon 1968 im Durchschnitt ca. 90 Rial erhielten (SCI 1975 a: 24; SHAFAGHI 1969: 8).

(67) Bei einem Teppich von 1,5 x 2,5 m Größe und 50 Knoten pro qcm knüpft eine Arbeiterin ca. 11 - 12 Reihen täglich und ist 208 - 270 Tage lang an einem Werkstück beschäftigt. Der gesamte Arbeitslohn beliefe sich demnach auf 41.600 - 108.000 Rial je nach Schwierigkeitsgrad des Designs und Lohnbasis.

(68) Im Gebiet von Najafabad arbeiten gelegentlich Mädchen oder Frauen ohne eigenen Webstuhl auf Lohnbasis bei anderen Knüpferinnen mit. Sie erhalten pro Reihe 30 - 50 Rial (je nach Breite). Gute Knüpferinnen knüpfen pro Tag 10 - 15 Reihen.

(69) Die beste in Esfahan erzeugte Qualität besteht aus 144 Knoten/qcm, ist aber auf dem freien Markt nicht zu erhalten.

(70) An einen Schulbesuch der Mädchen ist somit dort kaum zu denken, wo sie als Knüpferinnen gebraucht werden.

LITERATURVERZEICHNIS

Verzeichnis der Abkürzungen
(im Text)

HdRR   Handwörterbuch der Raumforschung und Raumordnung

HdSW   Handwörterbuch der Sozialwissenschaften

IHO   Iranian Handicraft Organization

PO   Plan Organization of Iran

SCI   Statistical Center of Iran

NCPH   National Census of Population and Housing

ABEL, W.: Landhandwerk und Landwirtschaft, Göttinger handwerkswirtschaftliche Studien, 5, Göttingen 1964.

ACHENBACH, H.: Bevölkerungsdynamik und Wirtschaftsstruktur in den berberisch besiedelten Gebirgen Algeriens (große Kabylei und Aures), in: Stewig, R.; H. G. Wagner (Hrsg.): Kulturgeographische Untersuchungen im islamischen Orient. Schriften des Geogr. Instituts d. Univ. Kiel, Bd. 38, 1973, S. 1-45.

AL-GENABI, H.: Der Suq (Bazar) von Bagdad. Eine wirtschafts- und sozialgeographische Untersuchung, in: Mitteilungen der Fränkischen Geogr. Gesellschaft, Bd. 21/22. Erlangen 1974/75, S. 143-285.

ALLEMAGNE, H.-R. d': Du Khorassan au Pays des Bakhtiaris. Trois Mois de Voyage en Perse. 4 Bde., Paris 1911 (persische Übersetzung von Farah-Washi. Tehran 1335/1956).

ANSCHÜTZ, H.: Persische Stadttypen. Eine vergleichende Betrachtung der Städte Esfahan, Tehran, Abadan, Buschir und Chorramshahr in Iran, in: Geographische Rundschau, 19, 1967, S. 105-110.

ARNOLD, A.: Der Fremdenverkehr in Tunesien. Entwicklung, Struktur, Funktion und Fremdenverkehrsräume, in: Würzburger Geogr. Arbeiten, 37, Würzburg 1972, S. 453-489.

BAER, G.: Monopolies and Restrictive Practices of Turkish Guilds, in: JESHO 13, 1970, S. 143-165.

—   Administrative, Economic and Social Functions of Turkish Guilds, in: International Journal of Middle East Studies, 1, 1970, S. 28-50.

BAKHTIAR, A.: The Royal Bazar of Isfahan, in: Iranian Studies, 7, 1974, S. 320-347.

BAUMANN, O.: Untersuchungen für Hilfsquellen und Bevölkerungsverhältnisse von Persien. Dissertation, Marburg 1900.

BAZIN, M.: La Travail du Tapis dans la Région de Qom (Iran Central), in: Bull. de la Société Languedocienne de Géographie, 7, 1973, S. 83-92.

BENNETT, I.: Schönheit echter Orientteppiche. 1974.

BOBEK, H.: Die Hauptstufen der Gesellschafts- und Wirtschaftsentfaltung in geographischer Sicht, in: Die Erde, 90, 1959, S. 259-298.

— Zur Problematik eines unterentwickelten Landes alter Kultur: Iran, in: Orient, 2, Hamburg 1961, S. 64-68.

— Iran. Probleme eines unterentwickelten Landes alter Kultur. Frankfurt/M. - Berlin - Bonn 1962, 2. Aufl. 1964, 3. Aufl. 1967 (Themen zur Geographie und Gemeinschaftskunde).

— Zum Konzept des Rentenkapitalismus, in: Tijdschrift voor Economische en Sociale Geografie, 65, 1974, S. 73-78.

— Rentenkapitalismus und Entwicklung in Iran, in: Schweizer, G. (Hrsg): Interdisziplinäre Iran-Forschung. Beiträge aus Kulturgeographie, Ethnologie und Neuerer Geschichte. Beihefte zum Tübinger Atlas des Vorderen Orients. Reihe B (Geisteswissenschaften) Nr. 40, Wiesbaden 1979, S. 113-124.

BONINE, M. E.: Yazd and its Hinterland: A Central Place System of Dominance in the Central Iranian Plateau (Diss. Austin/Texas 1975). Marburger Geogr. Schriften, H. 83, Marburg 1980.

BROWN, J. A.: A Geographical Study of the Evolution of the Cities of Tehran and Isfahan. Ph. D. thesis. Durham 1965.

BRÜCHER, W. / W. KORBY: Zur Standortfrage von integrierten Hüttenwerken in außereuropäischen Entwicklungsländern - Die Beispiele Aryamehr / Iran und Paz del Rio / Kolumbien, in: Geographische Zeitschrift 67, 1979, S. 77-94.

BRUGSCH, H.: Von Täbriz nach Tehran. Isfahan, die Hauptstadt der Safaviden, in: Der Globus, 4, 1863, S. 353-365.

— Reise der preußischen Gesandtschaft nach Persien 1860-1861, 2 Bde., Leipzig 1862/63.

CAHEN, C.: Zur Geschichte der städtischen Gesellschaft im islamischen Orient des Mittelalters, in: Saeculum, 9, 1958, S. 59-76.

CHARDIN, J.: Voyages ... en Perse et autres Lieux de l'Orient. 10 tomes, Amsterdam 1711
((Ed. Langles), 10 Bde. und Atlas. Paris 1811. Persische Übersetzung in 9 Bde. von M. Abbasi. "Safar nameh-ye Shardan", Tehran (1345) 1966 (davon Bde. 4 und 7 über Esfahan)).

COSTELLO, V. F.: The Industrial Structure of a Traditional Iranian City, in: Tijdschrift voor Economische en Sociale Geographie, 64, 1973, S. 108-120.

— A City and Region of Iran. The Center for Middle Eastern and Islamic Studies of the University of Durham, Bd. 3. London - New York 1976.

CURZON, G. N.: Persia and the Persian Question. 2 vols. London / New York 1892. Reprint: London 1966.

DASZYNSKA, J.: Hausindustrie in Persien, in: Die Neue Zeit, Jg. 10, Bd. 2, Stuttgart 1892.

DETTMANN, K.: Damaskus: Eine orientalische Stadt zwischen Tradition und Moderne, in: Mitteilungen der Fränkischen Geogr. Gesellschaft, Bd. 15/16. Erlangen 1968/69, S. 112-183.

— Die Geschäftsviertel Beiruts, in: Geographische Rundschau, 21, 1969, S. 69-73.

DIEULAFOY, M.: Dieulafoy's Reise in Westpersien und Babylonien, in: Der Globus, 45, 1884, S. 1-8 und 17-24 (persische Übersetzung von Farah-Washi. Tehran 1956 (1335)).

— La Perse, la Chaldée et la Susiana. Paris 1887.

DILLON, R.: Carpet Capitalism and Craft Evolution in Kirman. Ph. D. Diss. Columbia University. New York 1976.

DIEZ, E.: Isfahan, in: Zeitschrift für bildende Kunst. N.F. 25, 1915, S. 90-104 und 113-128.

EDWARDS, A. C.: The Persian Carpet: A Survey of the Carpetweaving Industry of Persia. London 1953.

EHLERS, E.: Die Städte des südkaspischen Küstentieflandes, in: Die Erde 102. 1971, S. 6-33.

— Some Geographic and Socio-Economic Aspects of Tourism in Iran, in: Orient, 15 (Opladen), 1974, S. 97-105.

— Die Stadt Bam und ihr Oasen-Umland/Zentraliran. Ein Beitrag zur Theorie und Praxis der Beziehungen ländlicher Räume zu ihren kleinstädtischen Zentren im Orient, in: Erdkunde 29, 1975, S. 38-52.

EHLERS, E.: City and Hinterland in Iran: The Example of Tabas/Khorassan, in: Tijdschrift voor Economische en Sociale Geografie, 68, 1977 a, S. 284-296.

— Dezful und sein Umland. Einige Anmerkungen zu den Umlandbeziehungen iranischer Klein- und Mittelstädte, in: Schweizer, G. (Hrsg.): Beiträge zur Geographie orientalischer Städte und Märkte. Beihefte zum Tübinger Atlas des Vorderen Orients, Reihe B (Geisteswissenschaften) Nr. 24, Wiesbaden 1977 b, S. 147-171.

— Ausländertourismus in Iran, in: Deutsch-Iranische Gesellschaft, 1, 1977 c, S. 13-16.

— Rentenkapitalismus und Stadtentwicklung im islamischen Orient: Beispiel Iran, in: Erdkunde, 32, 1978, S. 124-142.

— Iran. Grundzüge einer geographischen Landeskunde (Wissenschaftliche Länderkunde, Bd. 18). Darmstadt 1980 a.

— Iran. Wirtschafts- und sozialgeographische Aspekte einer islamischen Revolution, in: Geographische Rundschau, 32, 1980 b, S. 2-15.

— Teppichmanufaktur und Teppichhandel in Arāk/Farāhān Iran, in: Der Islam (im Druck).

ENGLISH, P. W.: City and Village in Iran. Settlement and Economy in the Kirman Basin. Madison - Milwaukee - London 1966.

ERDMANN, K.: Europa und Orientteppich. Berlin - Mainz 1962.

— Die Kunst Irans zur Zeit der Sassaniden (Neuausgabe des 1943 erschienenen Buches). Mainz 1969.

ETTINGHAUSEN, R.: "Kali", in: Enzyklopädie des Islam. Geographisches, Ethnographisches und Biographisches Wörterbuch der mohammedanischen Völker. M. Th. Houtsam u.a. (Hrsg.): Ergänzungsband. Leiden - Leipzig 1938.

FARAHMAND, S.: Der Wirtschaftsaufbau des Irans. Unter besonderer Berücksichtigung der Tätigkeit der Planbehörde. Veröffentl. der List-Gesellschaft, Bd. 41, Basel - Tübingen 1965.

FARHANG, M.: Zendegi-ye Eqtessadi-ye Iran (Iranisches Wirtschaftsleben). Tehran 1354/1975.

FARHANG-e Joghrafia-ye Iran dar 10 Jeld (Geographisches Lexikon Irans, 10 Bde.), Tehran 1335/1976.
Bd. 10: Ostan-e Esfahan.

FARIAD, M. R.: Kargah-e Khatam-sazi wa Pazuheshi dar bareh-ye Khatam-sazi dar Iran (Intarsien-Werkstatt und eine Untersuchung über Intarsien in Iran), in: Schriftenreihe des Ministeriums für Kultur und Kunst, H. 18, Tehran 2535/1976.

FERRIER, R. W.: The Armenians and the East India Company in Persia in the Seventeenth and Early Eighteenth Centuries, in: The Economic History Review 2nd ser. 26, 1973, S. 38-62.

— The European Diplomacy of Shāh Abbās I and the First Persian Embassy to England, in: Iran 11, 1973, S. 75-92.

FLANDIN, E. / P. COSTE: Voyage en Perse ... 2. Vol., Paris 1851-1854 (persische Übersetzung von H. Nursadeghi. Tehran 1324/1945).

FLOOR, W. M.: The Guilds in Qājār Persia. Proefschrift, Leiden 1971 a.

— The Office of the Kalāntar in Qājār Persia, in: Journal of the Economic and Social History of the Orient, 14, 1971 b, S. 253-268.

— The Guilds in Iran - an Overview from the Earliest Beginnings till 1972, in: Zeitschrift der Deutschen Morgenländischen Gesellschaft 125. 1975, S. 99-116.

— The Merchants (tujjār) in Qājār Iran, in: Zeitschrift der Deutschen Morgenländischen Gesellschaft, 126, 1976, S. 101-135.

— Bankruptcy in Qājār Iran, in: Zeitschrift der Deutschen Morgenländischen Gesellschaft, 127, 1977, S. 61-76.

GAUBE, H. / E. WIRTH: Der Bazar von Isfahan. Beihefte zum Tübinger Atlas des Vorderen Orients, Reihe B (Geisteswissenschaften) Nr. 22, Wiesbaden 1978.

GAUBE, H.: Iranian Cities. New York 1979.

GESETZ ÜBER GENOSSENSCHAFTEN: Ministerium für Genossenschaft und ländliche Angelegenheiten / Zentralorganisation der Genossenschaft (Hrsg.); Qanun-e Sherkatha-ye Ta'awoni. Tehran 1354/1975.

GESETZ ÜBER DIE SENFORGANISATION: Iran-e Nowin-Partei (Hrsg.): Qanun-e Nezam-e Senfi. Tehran 1350/1971.

GLUCK, J. (Hrsg.): Survey of Persian Handicraft. A Pictoral Introduction to the Contemporary Folk Arts and Art Crafts of Modern Iran. Tehran and Ashiya/Japan 1977.

GODARD, A.: Isfahan, in: Athar-e-Iran, 2, 1937, S. 6-178.

GOITEIN, S. D. F.: Studies in Islamic History and Institution. Leiden 1966 (Reprint 1968).

GOODELL, G. : Agricultural Production in a Traditional Village of Northern Khuzestan, in: Marburger Geogr. Schriften, 64, Marburg 1975, S. 243-289.

GREGORIAN, V. : Minorities of Isfahan. The Armenian Community of Isfahan 1587-1722, in: Iranian Studies, 7, 1974, S. 652-680.

GUTERSOHN, A. : Das Gewerbe in der freien Marktwirtschaft. St. Gallen 1954.

HAHN, H. : Die wirtschafts- und sozialgeographische Struktur iranischer Dörfer nach der Bodenreform, in: Erdkunde, 27, 1973, S. 147-152.

HANDWÖRTERBUCH der Raumforschung und Raumordnung. Bd. 1, 2. Aufl. Hannover 1970.

— der Sozialwissenschaften. Zugleich Neuauflage des Handwörterbuchs Staatswissenschaften. Bd. 5, Stuttgart/Tübingen/Göttingen 1956.

HARTL, M. : Das Najafabadtal. Geogr. Untersuchung einer Kanatlandschaft im Zagrosgebirge (Iran). Regensburger Geogr. Schriften, 12, Regensburg 1979.

HOENERBACH, W. : Das Zunft- und Marktwesen und seine Verwaltung im heutigen Tetuan, in: Die Welt des Islams, NS 4, 1956, S. 79-123.

HOLOD, R. (Hrsg.): Studies on Isfahan. Proceedings of the Isfahan Colloquium, in: Iranian Studies, 7, 1974.

HONARFAR, L. : Ganjineh-e Athar-e Tarikhi-ye Esfahan (Der kleine Schatz der Esfahaner historischen Werke). Esfahan 1344/1965.

HOURCADE, B. : Localisation des Industries et Niveaux de Decision en Iran, in: Travaux de l'Institut de Geographie de Reims, No. 31-32, 1977, S. 57-69.

IBN BATOUTAH: Voyages d'Ibn Batoutah. Text Arab, accompagné d'une traduction par C. Defremery et le Dr. B.R. Sanguinetti. Tome premier. Paris 1926 (persische Übersetzung von M. A. Mowahed. Tehran 1348/1969).

IBRAHIM, F. N. : Das Handwerk in Tunesien. Eine wirtschafts- und sozialgeographische Strukturanalyse. Jb. d. Geogr. Gesellsch. z. Hannover, Sonderheft 7. Hannover 1975.

IRAN ALMANAC: Published by the Echo of Iran. Tehran 1975/76/77.

IRANIAN HANDICRAFT ORGANIZATION: Die Analyse des Handwerks in Esfahan, Najafabad und Shahreza (pers.). Tehran o.J.

— Das Handwerk in Esfahan (Provinz) (pers.). Tehran 1345/1966.

IRANIAN HANDICRAFT ORGANIZATION: Die Analyse des Handwerks der Provinz Bakhtiari (pers.). Tehran 1353/1974 a.

— Die Rolle des Handwerks in der wirtschaftlichen Entwicklung Irans (pers.). Tehran 1353/1974 b.

— Die Analyse des Intarsien-Handwerks in Iran (pers.). Tehran 1354/1975 a.

— Export der handwerklichen Produkte Irans (pers.). Tehran 1354/1975 b.

— Jahresbericht von 1975 (1354) (pers.). Tehran 1355/1976.

— Esfahan. Hauptort des Handwerks Irans (pers.). Tehran 1356/1977 a.

— Zeitschrift der IHO (pers.) Tehran 1356/1977 b.

— Jahresbericht von 1977 (1356) (pers.). Tehran 1357/1978.

ISSAWI, Ch. (Hrsg.): The Economic History of Iran 1800-1914. Publ. of the Centre for Middle Eastern Studies 8. Chicago-London 1971.

JAMALI, M.: Kargah-ye Qali wa Gelim (Die Teppich- und Gelim-Werkstatt). Schriftenreihe des Kultur- und Kunstministeriums. H. 23, Tehran 1355/1977.

KAEMPFER, E.: Am Hofe des persischen Großkönigs 1684-1685. Das erste Buch des Amoenitates Exoticae. Hrsg. von W. Hinz. Leipzig 1940. Neudruck Tübingen 1977 (zuerst erschienen 1712).

KALBASI, A.: Eqtesad-e Shahr-e Esfahan (Die Wirtschaft der Stadt Esfahan). Diss. Univ. Tehran 1353/1974.

KARDAVANI, P.: A Survey of the Economic Problems of Rural Desert Area East of Kashan (Abuzaid abad and its adjoining Villages) (pers.). Univ. Tehran 1356/1977.

KEDDI, N. R.: Iran, in: Grunebaum, G. E. (Hrsg.). Der Islam II. Fischer-Weltgeschichte, Bd. 15, Frankfurt 1971, S. 160-217.

KELLERMANN, B.: Auf Persiens Karawanenstrassen. Berlin 1928.

KESHAWARZ, K.: Tarikh-e Iran az Aghaz ta payan-e qarn-e 18. (Geschichte Irans von den Anfängen bis zum Ende des 18. Jahrhunderts) von I. P. Petroshewski u.a. Persische Übersetzung von Karim Keshawarz. Tehran 1354/1975.

— Tarikh-e Iran az Aghaz ta Emruz (Geschichte Irans von den Anfängen bis heute) von I. P. Petroshewski u.a. Persische Übersetzung von K. Keshawarzi. Tehran 1359/1980.

KHARABI, F.: Die konstitutionelle Bewegung in Iran und ihre sozio-ökonomischen und politischen Voraussetzungen. Diss. Marburg 1979.

KLEINEN, H.: Die Einzelhandelstätigkeit des Handwerks. Köln und Opladen 1963.

KLUG, H.: Die Insel Djerba: Wachstumsprobleme und Wandlungsprozesse eines südtunesischen Kulturraumes, in: Stewig, R.; H. G. Wagner: Kulturgeographische Untersuchungen im islamischen Orient. Schriften des Geogr. Instituts d. Univ. Kiel, Bd. 38, 1973, S. 45-90.

KÖNIG, R.: Die Nan-Bäcker in Afghanistan. Überlegungen zu einem Fall isolierter Arbeitsteilung, in: Kölner Zeitschrift für Soziologie, 23. Jg., H. 2, 1971, S. 304-335.

KORBY, W.: Probleme der industriellen Entwicklung und Konzentration in Iran. Beihefte zum Tübinger Atlas des Vorderen Orients. Reihe B (Geisteswissenschaften) Nr. 20, Wiesbaden 1977 a.

— Das industrielle Wachstum von Tehran und die innterstädtische Ververkehrsproblematik, in: Schweizer, G. (Hrsg.): Beiträge zur Geographie orientalischer Städte und Märkte. Beihefte zum Tübinger Atlas des Vorderen Orients, Reihe B (Geisteswissenschaften), Nr. 24, Wiesbaden 1977 b.

KORTUM, G.: Geographische Grundlagen und Entwicklung der iranischen Textilindustrie, in: Orient (Opladen) 1972, S. 68-74.

— Ländliche Siedlungen im Umland von Shiraz, in: Stewig, R.; H. G. Wagner (Hrsg.): Kulturgeographische Untersuchungen im islamischen Orient. Schriften d. Geogr. Instituts d. Univ. Kiel, Bd. 38, Kiel 1973, S. 177-212.

LENG, G.: "Rentenkapitalismus" oder "Feudalismus"? Kritische Untersuchungen über einen (sozial-)geographischen Begriff, in: Geographische Zeitschrift, 62, 1974, S. 119-137.

LITTEN, W.: Persien. Von der "pénétration pacifique" zum "Protektorat". Urkunden und Tatsachen zur Geschichte der europäischen "pénétration pacifique" in Persien 1860-1919. Veröffentl. der Deutsch-Persischen Gesellschaft e. V. Berlin-Leipzig 1920.

LOCKHART, L.: Persian Cities. London 1960.

LONDON NEWS: The Worlds Oldest Persian Carpet, Preserved for 2400 Years in Perpetual Ice in Central Siberia. London 11. July 1953.

LUFT, P.: Iran unter Schāh Abbas II (1642-1666). Diss. Göttingen 1968.

MAURER, E.: Zunft und Handwerker der alten Zeit. Nürnberger Beiträge zu den Wirtschafts- und Sozialwissenschaften. H. 75/76, Nürnberg 1940.

MAYER, J.: Lahore: Entwicklung und räumliche Ordnung seines zentralen Geschäftsbereiches. Erlanger Geogr. Arbeiten. Sonderband 9, Erlangen 1979.

MIGEOD, H. G.: Über die persische Gesellschaft unter Nāsird Din šāh (1848-1896). Diss. Göttingen 1956.

MINISTRY OF INTERIOR: Industrial Census of Iran 1963. Financed by the Plan-Organization. Esfahan Ostan and Governorate General of Bakhtiari. Tehran 1963.

MOGHTADER, H.: Irans Erdöleinkünfte und Wirtschaftspläne, in: Außenpolitik 28, 1977, S. 424-436.

MOMENI, M.: Malayer und sein Umland. Entwicklung, Struktur und Funktionen einer Kleinstadt in Iran. Marburger Geogr. Schriften, H. 68, Marburg 1976.

MÜLLER, W.: Die wirtschaftlichen Entwicklungsprobleme Irans (Doppelband). Diss. der Hochschule für Welthandel in Wien 1971.

NASER-KHOSROW, A. M. H.: Safar-Nameh (Reisebericht) (hrsg. v. M. Dabir-Siyaqi). Tehran 1344/1965.

NAZARI, H.: Der ökonomische und politische Kampf um das iranische Erdöl. Köln 1971.

OLEARIUS, A.: Vermehrte Newe Beschreibung der muscowitischen und Persischen Reyse ... Schleswig 1656. Neudruck: Tübingen 1971.

PAGNINI-ALBERTI, M.P.: Strutture commerciali di una cittá di pelligrinaggio: Mashad (Iran nordorientale). Università degli studi di Trieste. Istituto di Geografia, Publ. No. 8, Triest 1971.

PLANCK, U.: Berufs- und Erwerbsstruktur im Iran als Ausdruck eines typischen frühindustriellen Wirtschaftssystems, in: Zeitschrift für ausländische Landwirtschaft, 2, 1963, S. 75-96.

— Iranische Dörfer nach der Landreform. Schriften des Dt. Orient-Instituts, Materialien und Dokumente. Opladen 1974.

— Die soziale Differenzierung der Landbevölkerung Irans infolge der Agrarreform, in: Schweizer, G. (Hrsg.): Interdisziplinäre Iran-Forschung. Beiträge aus Kulturgeographie, Ethnologie, Soziologie und Neuerer Geschichte. Beihefte zum Tübinger Atlas des Vorderen Orients, Reihe B (Geisteswissenschaften), Nr. 40, Wiesbaden 1979, S. 43-58.

PLAN-ORGANIZATION OF IRAN: Barnamehha-ye Omrani-ye awal ta panjom
Keshwar (Wirtschaftspläne des Landes 1 bis 5). Tehran.

POLAK, J. E.: Persien, das Land und seine Bewohner. Ethnographische Schilderungen. Leipzig 1865. Nachdruck Hildesheim - New York 1976.

POPE, A. U. / Ph. ACKERMANN (Hrsg.): A Survey of Persian Art from the Prehistoric Time to the Present. London - New York 6 vol., 1938-1939. Reprint: 3rd edition, 16 Bde. Ashign/Japan 1977.

POPE, A. U.: Ahamiyat-e Sanaye'-e Dasti (Die Bedeutung des Handwerks),
in: GLUCK, J. (Hrsg): 1977, S. 15-19.

— Kafpushha-ye Rusta'i wa Ashayeri (ländliche und nomadische Bodenbedeckung), in: GLUCK, J. (Hrsg.): 1977, S. 275-277.

QUIRING-ZOCHE, R.: Isfahan im 15. und 16. Jahrhundert. Ein Beitrag zur persischen Stadtgeographie. Islamische Untersuchungen, Bd. 54. Freiburg 1980.

RAWANDI, M.: Tarikh-e Ejtema'i-ye Iran (Die Sozialgeschichte Irans). Bd. 3. Tehran 1356/1977.

RAYMOND, A.: Artisans et Commercants au Caire au XVIII Siécle, 2 Bde., Institut Francais de Damas. Damas 1973/74.

RICHTER, I. S.: Der persische Handelsteppich, in: Geographische Rundschau 23, 1971, S. 364-368.

RIST, B.: Die Stadt Sirjan und ihr Hinterland, in: Ehlers, E. (Hrsg.): Beiträge zur Kulturgeographie des islamischen Orients. Marburger Geogr. Schriften, H. 78. Marburg 1979, S. 111-139.

— Die Stadt Zabol. Zur wirtschaftlichen und sozialen Entwicklung einer Kleinstadt in Ost-Iran (Sistan-Projekt I). Marburger Geogr. Schriften, H. 86, Marburg 1981.

ROSEN, F.: Über eine Reise vom Persischen Golf nach dem Kaspischen Meere, in: Verhandlungen der Gesellschaft für Erdkunde zu Berlin, 17, 1890, S. 280-298.

— Persien in Wort und Bild. Berlin - Leipzig 1926.

RUPPERT, H.: Beirut. Eine westlich geprägte Stadt des Orients, in: Mitteilungen der Fränkischen Geogr. Gesellschaft, Bd. 15/16. Erlangen 1868/69, S. 313-449.

SAFI-NEJAD, J.: Boneh. Qablaz Eslahat-e Arzi (Boneh. Vor der Landreform). Tehran 1353/1974.

SANSON, M.: Voyage en Relation de l'Etat present du Royaume de Perse. Paris 1695 (persische Übersetzung von T. Tafazoli. Tehran 1346/1967).

SARKHOCH, S.: Die Grundstruktur der sozio-ökonomischen Organisation der iranischen Gesellschaft in der ersten Hälfte des 19. Jahrhunderts. Diss. Münster 1975.

SCHMIDT, K. H.: Das Handwerk 1975. Prognose seiner voraussichtlichen Entwicklung in der BRD. Göttinger handwerkswirtschaftliche Studien, 14. Göttingen 1970.

SCHOLZ, F.: Die räumliche Ordnung in den Geschäftsvierteln von Karachi und Quetta (Pakistan). Ein Beitrag zur Diskussion über die junge Wandlung in der orientalischen Stadt, in: Erdkunde, 26, 1972, S. 47-61.

— Teppichwirtschaft in Pakistan. Über die internen Probleme eines weltmarktabhängigen Produktionszweiges in einem Entwicklungsland, in: Die Erde 1980, S. 301-329.

SCHURTZ, H.: Das Bazarwesen als Wirtschaftsform, in: Zeitschrift für Socialwissenschaft, H. 4, 1901, S. 158-167.

— Türkische Basare und Zünfte, in: Zeitschrift für Socialwissenschaft, H. 11, S. 683-706.

SCHUSTER-WALSER, S.: Das safavidische Persien im Spiegel europäischer Reiseberichte. Untersuchungen zur Wirtschafts- und Handelspolitik. Baden-Baden - Hamburg 1970.

SCHWARZ, P.: Iran im Mittelalter nach den arabischen Geographen. 9 Bde., Leipzig - Stuttgart 1896-1935. Nachdruck in einem Band. Hildesheim - New York 1969.

SCHWEIZER, G.: Tabriz (Nordwest-Iran) und der Tabrizer Bazar, in: Erdkunde, 26, 1972, S. 32-46.

SEDAQAT-KISH, J.: Sanaye' dar Touse'eh-ye Eqtessadi (Die Industrie im wirtschaftlichen Ausbau). Tehran 1352/1973.

SEGER, M.: Strukturelemente der Stadt Tehran und das Modell der modernen orientalischen Stadt, in: Erdkunde, 29, 1975, S. 21-38.

— Tehran. Eine stadtgeographische Studie. Berlin - New York 1978.

— Das System der Geschäftsstraßen und die innerstädtische Differenzierung in der orientalischen Stadt (Fallstudie Tehran), in: Erdkunde, 33, 1979, S. 113-129.

SHAFAGHI, S.: Motale'eh-ye Joghrafiai-ye Shahr-e Esfahan. Bd. 1. Bar-ressi-ye Karha-ye Dasti (Geogr. Untersuchung der Stadt Esfahan, Bd. 1. Die Analyse des Handwerks). Univ. Esfahan 1347/1969, H. 23

— Geography of Esfahan, Pt. I. Univ. of Esfahan Publ. 144. Esfahan 1974.

— Ariashahr. Die neue Eisenhüttenstadt bei Isfahan / Iran, in: Zeitschrift für Wirtschaftsgeographie, 19. 1975, S. 190-194.

SHIRAZI, B.: Isfahan. The Old Isfahan - the New, in: Iranian Studies, 7, 1974, S. 586-592.

SHUSTER, W. M.: The Strangling of Persia. Story of the European Diplomacy and Oriental Intrigue that resulted in the Denationalization of Twelve Million Mohammedans. Personal Narrative. New York 1912 (2. Auflage 1939, Reprint 1968).

SMITH, A.: Blind White Fish in Persia. London 1953.

SODAGAR, M.: Nezam-e "Arbab-Ra'iyati" dar Iran (Das "Arbab-Ra'iyati" System in Iran). Tehran 1356/1977.

STAHL, A. F.: Reisen in Nord- und Zentral-Persien, in: Petermanns Geogr. Mitteilungen, Ergänz. H. 118, 1895.

— Tehran und Umgebung, in: Petermanns Geogr. Mitteilungen, 48, 1900, S. 49-57.

— Reisen in Zentral- und Westpersien, in: Petermanns Geogr. Mitteilungen, 51, 1905, S. 4-12 und 31-35.

— Persien und seine wirtschaftlichen Hilfsquellen, in: Geogr. Zeitschrift, 34, 1928, S. 227-335.

STATISTICAL CENTER OF IRAN: National Census of Population and Housing. September 1966 (H. 18 Na'in - H. 20 Najafabad). Tehran 1967.

— Natayej-e Amargiri-ye-Niru-ye Ensani. 1351 (Die Ergebnisse der Zählung der menschlichen Arbeitskraft). H. 357. Tehran 1353/1974.

— Natayej-e Amargiri-e Sana'at-e Nasaji-ye Rusta'i. 1351 (Die Ergebnisse der Zählung der Textilindustrie des ländlichen Raumes). H. 399. Tehran 1354/1975 a.

— Sarshomari az Kargahha-ye Keshwar, Moshakhasat-e payehi (Zählung der Betriebe des Landes. Basisinformation).
H. 508, 522, 526, 529, 530, 535, 537, 547, 548, 549, 550, 565, 566, 567, 604, 605, 607, 610, 648, 652, 654, 657, 667, 668, 679, 684, 687, 690, 703, 705, 712, 719 a, b. Tehran 1354/1975 b.

— Amarha-ye Ostan-e Esfahan 1353 (Statistik der Provinz Esfahan). H. 638. Tehran 1355/1976 a.

STATISTICAL CENTER OF IRAN: Bayan-e Amari (Statistische Erläuterungen).
Tehran 2535/1976 b.

— Amarha-ye Salaneh-ye Keshwar (Statistisches Jahrbuch des Landes).
Nr. 759. Tehran 1356/1977 a.

— Amarha-ye Ostan-e Bakhtiari, 1354 (Statistik der Provinz Bakhtiari
1354). H. 755. Tehran 1356/1977 b.

— Amarha-ye Ostan-e Esfahan 1354 (Statistik der Provinz Esfahan 1354).
H. 760, Tehran 1356/1977 c.

— National Census of Population and Housing, Nov. 1976 (H. 106
Esfahan - H. 108 Shahreza - H. 109 Faridan - H. 111 Lenjan -
H. 112 Na'in und H. 113 Najafabad). Tehran 1980.

STEWIG, R.: Die räumliche Struktur des stationären Einzelhandels in der Stadt
Bursa, in: Stewig, R. - H. G. Wagner (Hrsg.): Kulturgeogr. Untersuchungen im islamischen Orient. Schriften d. Geogr. Instituts d. Univ.
Kiel, Bd. 38, 1973, S. 143-177.

STÖBER, G.: Die Afshar. Nomadismus im Raum Kerman (Zentraliran). Marburger
Geogr. Schriften, H. 76. Marburg 1978.

— Die Sayad. Fischer in Sistan (Sistan-Projekt III). Marburger Geogr.
Schriften, H. 85. Marburg 1981.

TAHWILDAR, M. H.: Joghrafia-ye Esfahan (Geographie von Esfahan). 1303.
Neudruck hrsg. von M. Sotudeh. Tehran 1342/1963.

TAVERNIER, J. B.: Les six voyages de J. B. Tavernier ... en Turquie, en Perse et
aux Indes. 2 Pt. Paris 1676 (persische Übersetzung von A. Nuri.
Esfahan 1957 (1336)).

THEVENOT, J.: The Travels of Monsieur de Thevenot into the Levant. In three
parts. Part II Persia. London 1687.

THOMPSON, C. T. : M. J. HUIES: Peasant and Bazaar Marketing Systems as
Distinct Types, in: Anthropological Quartely, 41. 1968, S. 218-227.

TORABI-NEJAD, M.: Die Problematik der autochthonen Genesis der modernen
Wirtschaftsweise in Iran. Vergleich zwischen der sozio-ökonomischen
Struktur des safavidischen Persien und des vormodernen Westeuropas.
Diss. Hamburg 1979.

TAUFIQ, F.: Athar-e Eqtessadi-ye Toulidat-e gheyre mashini (Der wirtschaftliche
Einfluß der nicht-maschinellen Produktion), in: IHO, Zeitschrift Nr. 1,
1356/1977, S. 7-10.

WAGNER, H. G.: Die Suqs in der Medina von Tunis. Versuch einer Standortanalyse von Einzelhandel und Handwerk in einer nordafrikanischen Stadt, in: Stewig, R., H. G. Wagner (Hrsg.): Kulturgeogr. Untersuchungen im islamischen Orient. Schriften d. Geogr. Inst. d. Univ. Kiel, Bd. 38, 1973, S. 91-143.

WARZI, M.: Honar wa San at-e Qali dar Iran (Kunst und Industrie des Teppichs in Iran). Tehran 2535/1976.

WIEBE, D.: Struktur und Funktion eines Sarais in der Altstadt von Kabul, in: Stewig, R., H. G. Wagner (Hrsg.): Kulturgeogr. Untersuchungen im islamischen Orient. Schriften d. Geogr. Instituts d. Univ. Kiel, Bd. 38, 1973, S. 213-240.

— Formen des ambulanten Gewerbes in Südafghanistan, in: Erdkunde, 30, 1976, S. 31-43.

WIRTH, E.: Damaskus - Aleppo - Beirut. Ein geographischer Vergleich dreier nahöstlicher Städte im Spiegel ihrer sozial und wirtschaftlich tonangebenden Schichten, in: Die Erde, 97, 1966, S. 96-137.

— Strukturwandlungen und Entwicklungstendenzen der orientalischen Stadt - Versuch eines Überblicks, in: Erdkunde, 22, 1968, S. 101-128.

— Zum Problem des Bazars und der Umlandbeziehungen iranischer Städte, in: Die Erde, 103, 1972, S. 184-186.

— Die Beziehungen der orientalisch-islamischen Stadt zum umgebenden Lande, in: Erdkundliches Wissen, Bd. 33 (Beihefte zur Geogr. Zeitschrift): Geographie heute - Einheit und Vielfalt (Plewe-Festschrift). 1973, S. 323-332.

— Zum Problem des Bazars (Suq, carsi). Versuch einer Begriffsbestimmung und Theorie des traditionellen Wirtschaftszentrums der orientalisch-islamischen Stadt, in: Der Islam, 51, 1974, S. 203-260. 52, 1975, S. 6-46.

— Die orientalische Stadt. Ein Überblick auf Grund jüngerer Forschungen zur materiellen Kultur, in: Saeculum, 26, 1975, S. 45-94.

— Der Orientteppich und Europa. Ein Beitrag zu den vielfältigen Aspekten west-östlicher Kulturkontakte und Wirtschaftsbeziehungen. Erlanger Geogr. Arbeiten 37, Erlangen 1976.

WULFF, H. E.: The Traditional Crafts of Persia. Their Development, Technology, and Influence on Eastern and Western Civilizations. Cambridge/Mass. - London 1966.